JN017262

改訂新版

日本語 → ドイツ語

口を鍛える
ドイツ語作文

―基本文型習得メソッド― 初級編

橋本政義 著

コスモピア

はじめに

　たくさんのご支持をいただいた『口を鍛えるドイツ語作文』が、10年ぶりに「改訂新版」という形で新しく生まれ変わりました。

　コンセプトは、

　「基本文型」を習得すること＝ドイツ語作文の王道です。

　リニューアルしたポイントは、下記の3点です。

1. 例文をすべて見直し、部分的により現代的で、楽しい内容に変更しました。

2. SNSやAI、あるいはゲームなどの新しい要素を追加し、思わず作文したくなるような例文にしました。

3. 「発音と文法のチェック」を追加しました。作文をしながら、基本的な文法がしっかりと身につきます。

　文の最小限の成分は、主語と述語ですが、述語にあたる動詞の使い方を正しく理解すれば、様々な文が自由に作れます。そして助動詞や従属の接続詞の使い方を学べば、簡単に文を拡大し、内容の豊かな文を作ることができます。

　短くやさしい日本語のセンテンスを、徐々にドイツ語に変えていきましょう。同時に耳も、そして口もフルに活用して、ドイツ語の音でセンテンスを理解していきましょう。

ドイツ語はとても美しい言葉です。「詩人と哲学者の国の言葉」と言われることもあります。ドイツ文が自由に作れたら、どんなに楽しいことでしょう！

　短いセンテンスを少しずつ長くしていき、さらにそれを拡大していくことによって、自分の思っていることや考えていること、あるいは様々な出来事が、ドイツ語で表現できるようになります。

　この本では、まず文を作る上で要となる動詞の正しい使い方を学びながら、基本となる文型をマスターしていきます。また同時に、文法の基本もしっかりと学んでいきます。

　脳（理論）と耳、そして口を総動員して、ネイティブに近いドイツ語を身につけるようにしましょう。

　この本で、ドイツ語で文が作れる楽しさと喜びを、そしてドイツ語の美しさと奥深さを、ぜひ皆さんに味わっていただきたいと思います。

　Viel Spaß!　楽しんでください！そしてViel Erfolg!　ご成功をお祈りします！

2023年7月

橋本政義

目 次

Part 1
ドイツ語の基本文型を身につけよう

（1）主語＋述語（自動詞）

（2）主語＋述語（他動詞）＋目的語（4格）

Part **3** 語順の知識を深めよう

（1）目的語の位置

（2）様々な枠構造と nicht の位置

（3）疑問詞と代名詞類

Part 4　数詞と数に関する様々な表現

Part 5　形容詞を使った表現

(2) 不定詞や分詞による副文の省略

Part8 接続法を用いて表現してみよう

(1) 接続法第1式

(2) 接続法第2式

【付　録】

本書コンセプトの紹介

本書は、次の3点をねらいとして執筆しました。

① 動詞を中心とした基本文型を理解した上で、ドイツ語の作文を行う。
② 日本語からドイツ語へ変換するトレーニングによりスピーキング能力を鍛え、ドイツ語的発想能力を身につける。
③ 実用性の高い単語約800語を、600例文の中で習得する。

　文が成立するための最小限の成分は、主語と述語です。例えば die Sonne と scheinen の組み合わせによる Die Sonne scheint.（太陽が輝く）のような場合です。

> Die Sonne ＋ scheint.
> 　主語　　　　述語

　しかし実際の文は、主語と述語の他にさまざまな文成分が用いられて、長く複雑な構造をしています。ドイツ語文を自由に作れるようになるためには、この文が拡大されていくメカニズムを理解することが大切です。文の構造においても、また文の意味においても要

となる重要な要素は**動詞**です。動詞の特徴を正しく理解することが、ドイツ語作文において最も重要なことと言えるでしょう。

● Part 1　基本文型

　その訓練をしていただくために、本書ではまず **Part 1** で「基本文型」を取り上げました。

　ここでは動詞の種類に応じて文法的に文型、つまり、文の構造が決定されることを学んでもらうのが狙いです。この基本文型がしっかりと身につけば、どんな複雑な日本語もドイツ語での作文が可能となります。つまりそれぞれの語、または語句は、ただ雑然と気まぐれに文の中に存在しているのではなく、すべて動詞との関係の中で、一定の形で決まった場所に位置しているのです。それぞれの文の成分は、しかるべき理由でその形でその場所に存在するのです。例えば **Er fragte mich nach dem Weg.** （彼は私に道をたずねた）という文においては、**fragen** が他動詞で４格と nach ＋３格を要求し、また代名詞は動詞の直後に位置するという語順の規則によって、この文ができあがったわけです。

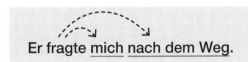

● Part 2　格の使い方

　Part 2 では「格の使い方」を学びます。格は、前述したように動詞に決定されることが多いのですが、それだけではありません。名詞的な構造の多いドイツ語では、名詞と名詞をつなぐものとして、前置詞が重要な役割を果たしますが、この前置詞がその名前の通り名詞の前に置かれることから、必然的に決まった格の名詞と結びつくことになるのです。これは**前置詞の格支配**と呼ばれます。例えば「誕生日のプレゼント」は ein Geschenk zum Geburtstag といいますが、ここでは zu という前置詞が3格を支配するために、dem と結びついて zum となっています。また、形容詞が決まった格を要求することもあります。さらに eines Tages（ある日）や jeden Tag（毎日）のように、2格や4格が副詞句として文の中に存在していることも少なくありません。このような様々な格の理解も、文を組み立てる上で大切なファクターとなります。

---

ein Geschenk <u>zum</u> Geburtstag

zu ＋ dem

● Part 3　語順の知識

　Part 3 では、「語順の知識」を身につけます。語順はどの言語においても重要なカテゴリーですが、ドイツ語ではドイツ語特有の特徴的な構造を理解する必要があります。まず英語とは対照的に、ドイツ語文においては重要な要素、つまり**動詞との結びつきが強い語句ほど文の後域に置かれる**という基本的な法則があります。これは英語もドイツ語も、元は共に SOV であった構造が、V が S のそばに移動する際に英語は V と共に他の要素も前域に移動したのに対し、ドイツ語では V のみが前域に移動し、他の成分は元の位置に残ったために生じた、英語との大きな相違です。またドイツ語には副文、つまり従属文において動詞が文末に置かれるという定動詞後置の原則がありますが、この構造における文の成分の語順は、日本語の語順とほぼ同じです。そしてドイツ語の専売特許のように言われる構造が、**枠構造**です。これは、ふつう 2 番目に置かれる定動詞と文末に置かれる定動詞要素（定動詞と密接に結びついて 1 つの概念をなす語句）が他の文成分を枠のように囲みこむドイツ語特有の構造ですが、これには様々な種類があります。

主なものは、

① **助動詞**を用いた場合：

Er **hat** zwei Semester an der Universität Heidelberg **studiert**.
（彼は２学期間ハイデルベルク大学で学んだ）

② **分離動詞**の場合：

Sie **kommen** heute von der Reise **zurück**.
（彼らは今日旅行から帰って来る）

③ **熟語動詞**の場合：

Er **geht** morgen mit ihr ins Kino.
（彼は明日彼女と映画に行く）

④ **述語形容詞**の場合：

Sie **ist** dem Vater sehr **ähnlich**.
（彼女は父親にとても似ている）

などです。

語順には、このほか目的語の位置や nicht の位置、さらには疑問詞や代名詞類の位置など、たくさんの注意点があります。

● Part 4　数詞と数に関する表現

　Part 4 では「数詞と数に関する表現」を学びます。私たちの日常は数に囲まれているわけですから、数の表現は極めて大切です。すべての基になる基数をはじめ、序数や分数、そしてそれらを使った、時刻表現や年齢や電話番号、また金額や西暦の言い方を身につけます。

　例えば、「今日は 8 月 15 日です」は

Heute ist der 15. 08. 2023.

デア　フュンフツェーンテ　アオグスト　ツヴァイタオゼントドライウントツヴァンツィヒ

と読みます。

● Part 5　形容詞を使った表現

　Part 5 では「形容詞を使った表現」を学びます。形容詞は名詞の前に置かれると、格変化をします。この変化には強変化、弱変化そして混合変化という三つの種類があります。形容詞が人間や事物の性格や性質を述べるものである限り、この形容詞の変化をマスターせずにドイツ語による完全な表現は望めません。形容詞の名詞的用法や比較と合わせて、ここで身につけるようにします。例えば形容詞の名詞的用法には、テレビドラマでときどき耳にする次のような表現があります。

> **Kranke**（病人たち）
> **der Kranke**（その男の病人）
> **ein Kranker**（ひとりの男の病人）など

● Part 6　役に立つ重要な助動詞の使い方

　Part 6 では、「役に立つ重要な助動詞の使い方」を学びます。ここでいう助動詞とは主に話法の助動詞のことですが、ドイツ人はこの話法の助動詞を実によく用います。それはドイツ語の話法

の助動詞が、英語の該当する助動詞と比べた場合、英語がその用法において制約を受けることが多いのに対し、ドイツ語は一般の動詞と全く同じようにすべての形を作れることからも明らかです。この重要な話法の助動詞とそれに準じて用いられる動詞の用法を、しっかりと学んでいきます。

sollen を用いた一例：

> Sie **soll** krank sein.
> （彼女は病気だそうだ）

このように sollen は第三者の意思を表すことから、様々な用法が可能です。

● Part 7　少し複雑な文と文の組み合わせ

Part 7 では、「少し複雑な文と文の組み合わせ」について学びます。これは、中級ドイツ語作文そして上級ドイツ語作文への橋渡しとするためのものです。dass をはじめとするさまざまな従属の接続詞を用いた副文の作り方を練習するほか、副文を不定詞や

分詞によって短縮する方法を学びます。また疑問代名詞を用いた間接疑問文をはじめ、定関係代名詞や不定関係代名詞を用いた関係文の作文にもチャレンジします。

関係文の一例：

Wer dagegen ist, soll die Hand heben.
（これに反対の人は手を挙げなさい）

　文を組み合わせ、拡大して内容のある複雑な構造を作文できる充実感と達成感を味わってもらいたいと思います。

● Part 8　接続法を用いた表現

　最後の **Part 8** では、「接続法を用いた表現」にチャレンジします。接続法第１式を用いた実現可能な要求や願望の他、様々な間接話法の表現を学びます。しかし使用頻度的に圧倒的によく用いられるのは、接続法第２式です。私たちの日常は、言語的にみてみれば、「もし〜ならば、……するのに」といった非現実的な仮定にもとづく推量や結論の表現が実に多いといえます。これらの日常よく用

いられる表現や言い回し、そして別名「外交的接続法」とも呼ばれる表現も身につけていきます。これは事実である事柄を、第2式を用いてあたかもそれが非現実であるかのように表現することで、やさしく丁寧な感じを与えるものです。特に日常会話で多用される重要な表現です。

外交的接続法の一例：

Ich hätte eine Bitte an Sie.
（あなたにお願いがあるのですが）

のように、動詞を中心とした基本文型を常に意識しつつ、語順の規則はもちろん、枠構造や副文といったドイツ語に特徴的な構造を網羅し、最後は文の組み合わせによる少し複雑な表現にもチャレンジできるようになっていますので、具体的で且つ体系的なドイツ語作文の知識を身につけてもらうことができます。

❶ 基本的な発音のチェック

[1] ドイツ語特有の読み方をする母音と子音

1.1. 母音　🔊 001

ä [ε / εː　エ / エー]

Kälte　寒さ
ケルテ

Träne　涙
トレーネ

ö [œ / ø　エ / エー]

Köln　ケルン（地名）
ケルン

Öl　油
エール

ü [ʏ / yː　ユ / ユー]

Hütte　小屋
ヒュッテ

Tür　ドア
テューア

ei [aɪ　アイ]

Arbeit　仕事
アルバイト

klein　小さい
クライン

ie [iː　イー]

Brief　手紙
ブリーフ

lieben　愛する
リーベン

eu / äu [ɔʏ　オイ]

Freude　喜び
フロイデ

Bäume　木（複数）
ボイメ

1.2. 子音 🔊 002

◆語末の b［p ブ］, d［t ト］, g［k ク］

それぞれ［ベー］、［デー］、［ゲー］という音ですが、語末にきたときには濁りません。

gelb 黄色の	Kind 子供	Tag 日
ゲルプ	キント	ターク

◆ch

① a, o, u, au の後では［x ハ］

→ アハハ、オホホ、ウフフと笑う要領で！

この音は喉の奥を使って出します。カナ発音では［ハ］となっていますが、a の後に ch があったら［アハ］、o の後だったら［オホ］、そして u の後にきたときは［ウフ］と発音するという意味です。

Nacht 夜	Tochter 娘	Buch 本	auch ～もまた
ナハト	トホター	ブーフ	アオホ

② ①以外では［ç ヒ］

ich 私	Milch ミルク
イヒ	ミルヒ

◆chs と x は［ks クス］

wachsen 成長する	Examen 試験
ヴァクセン	エクサーメン

◆母音＋h は長母音

fahren （乗り物で）行く	Bahn 鉄道
ファーレン	バーン

◆j［j ユ］

Juli 7月	Japan 日本
ユーリ	ヤーパン

◆ig [iç　イヒ]
　König　王
　ケーニヒ

　fleißig　勤勉な
　フライスィヒ

◆s＋母音は [z　ズ]
　Sonne　太陽
　ゾンネ

　sagen　言う
　ザーゲン

◆sch [ʃ　シュ]
　Englisch　英語
　エングリッシュ

　Schule　学校
　シューレ

◆tsch [tʃ　チュ]
　Deutsch　ドイツ語
　ドイチュ

　tschüs　バイバイ
　チュース

◆語頭の sp [ʃp　シュプ]
　sprechen　話す
　シュプレッヒェン

　Sport　スポーツ
　シュポルト

◆語頭の st [ʃt　シュト]
　Student　大学生
　シュトゥデント

　Stern　星
　シュテルン

◆ss と ß は [s　ス]
　küssen　キスする
　キュッセン

　Fuß　足
　フース

◆v [f　フ]
　Vater　父
　ファーター

　viel　多い
　フィール

◆w [v　ヴ]
　Wein　ワイン
　ヴァイン

　wohnen　住む
　ヴォーネン

◆ z [ts ツ]

Zug　列車　　　　　　　　　tanzen　踊る
ツーク　　　　　　　　　　　　　タンツェン

❷基本的な文法のチェック

[1] 動詞の人称変化

1.1. 基本的な人称変化

　語幹にきまった語尾をつけます。英語では「3単現のs」だけでしたが、ドイツ語ではすべての人称で語尾をつけます。

人称変化語尾				singen（歌う）の現在人称変化	
ich	-e	wir	-en	ich singe	wir singen
du	-st	ihr	-t	du singst	ihr singt
Sie	-en	Sie	-en	Sie singen	Sie singen
er sie es	-t	sie	-en	er sie singt es	sie singen

口調上の例外

　語幹が -d や -t などで終わる動詞は、発音しやすいように du と er そして ihr の3箇所で語尾の前に -e を入れます。

◆arbeiten　働く

ich	arbeite	wir	arbeiten
du	arbeit**est**	ihr	arbeit**et**
Sie	arbeiten	Sie	arbeiten
er	arbeit**et**	sie	arbeiten

1.2. 語幹の母音が変わるもの

　単数の２人称 du と３人称 er、sie、es で語幹の母音が変わるものが２種類あります。

1.2.1. a にウムラウトがついて ä に変わるタイプ

◆schlafen　眠る

ich	schlafe	wir	schlafen
du	schl**ä**fst	ihr	schlaft
Sie	schlafen	Sie	schlafen
er	schl**ä**ft	sie	schlafen

1.2.2. 　e が i または ie に変わるタイプ

◆sprechen　話す

ich	spreche	wir	sprechen
du	spr**i**chst	ihr	sprecht
Sie	sprechen	Sie	sprechen
er	spr**i**cht	sie	sprechen

◆ sehen 見る

ich	sehe	wir	sehen
du	siehst	ihr	seht
Sie	sehen	Sie	sehen
er	sieht	sie	sehen

1.2.3. 重要な sein、haben そして werden

◆ sein ～である

ich	**bin**	wir	**sind**
du	**bist**	ihr	**seid**
Sie	**sind**	Sie	**sind**
er	**ist**	sie	**sind**

◆ haben 持っている

ich	habe	wir	haben
du	**hast**	ihr	**habt**
Sie	haben	Sie	haben
er	**hat**	sie	haben

◆ werden ～になる

ich	werde	wir	werden
du	**wirst**	ihr	werdet
Sie	werden	Sie	werden
er	**wird**	sie	werden

[2] 冠詞と名詞の格変化

2.1. 定冠詞と名詞の格変化

	男		女		中	
1 格	**der**	Vater	**die**	Mutter	**das**	Kind
2 格	**des**	Vaters	**der**	Mutter	**des**	Kindes
3 格	**dem**	Vater	**der**	Mutter	**dem**	Kind
4 格	**den**	Vater	**die**	Mutter	**das**	Kind

2.2. 不定冠詞と名詞の格変化

	男		女		中	
1 格	ein	Vater	eine	Mutter	ein	Kind
2 格	eines	Vaters	einer	Mutter	eines	Kindes
3 格	einem	Vater	einer	Mutter	einem	Kind
4 格	einen	Vater	eine	Mutter	ein	Kind

2.3. 名詞の複数形

次の5つのタイプに分けられます。

		単数	複数
無語尾式	(‥) ―	der Onkel おじ	die Onkel
		die Tochter 娘	die Töchter
E式	(‥) ― e	das Pferd 馬	die Pferde
		der Sohn 息子	die Söhne
ER式	‥ ― er	das Kind 子供	die Kinder
		das Buch 本	die Bücher
[E]N式	― [e]n	das Auge 目	die Augen
		die Frau 女	die Frauen
S式	― s	das Auto 車	die Autos

トレーニングの進め方

〔学習は1課ごとに進めましょう〕

ステップ1 学習内容と文法をチェック

　タイトル（左ページ上）と【文法をおさえよう】（右ページ上）を見て、学習内容と文の基本文型・文法を確認します。ここで、どの点が習得すべき事項となるのか大まかな部分を把握します。

ステップ2 左ページ日本文を見て ドイツ語作文をする

　各課のタイトルとポイントを確認した後に、例文に移ります。まず例文1つずつに際し次の作業を行います。

（ⅰ）日本語文を確認。

（ⅱ）自分で文を考えてみる。(もしも思い浮かばなければ、すぐに(ⅲ)の作業に移る)。

（ⅲ）ドイツ語文を確認してみる。

　この時点で、学習者の皆さんご自身の考えついた文と照らし合

わせてみて、正解なのか否かを確認します。間違った部分や思いつかなかった部分があれば【文法をおさえよう】や【補足メモ】の解説を照合しながら理論的に理解を深めていきます。

ステップ3 ドイツ語文の音読をする

　まずは、1～8の文について日本語文と対照しながら<u>ドイツ語文を音読</u>していきます。この際、音声を聞き、ドイツ語のリズムを確認しながら読んでいくと、発音やイントネーションが理解しやすくなります。8つの文すべてに対して詰まることなく読めるようになったことを確認したら、次の練習に移ります。

ステップ4 日本語の文を聞いて反射的にドイツ語文に変換する

　<u>日本語文を聞いて、反射的にドイツ語文に変換</u>していく練習を行います。
　間違いや詰まる部分がなくマスターできれば、その課はクリアと考えて結構です。もしも変換できない文があれば、変換できるまで練習をしましょう。

音声を聞いてシャドーイングをする

　文を瞬時に変換できるレベルに達した (基本構文が口に染みついた) 後、仕上げとしてリズムを確認しながら発音します。ねらいは、外国人的な発音を強制し、ネイティブらしいイントネーションを身につけていくことにあります。**文の構造と意味を噛みしめながら、ドイツ語の音声について読む作業 (シャドーイング) を行います。**耳と口、そして理論（脳）という総合的側面からしっかりとした理解を固め、ネイティブらしいドイツ語を身につけていきます。

　以上、学習方法のサンプルを示しておきました。単純なプロセスですが、コツコツやっていくことで、大きな力となることは間違いありません。正に「継続は力なり」です。

　なお前記の学習プロセスについては、特に進度やノルマは設定していません。例えば 1 課ごとの学習において、1 から 5 をすべて 1 日で行える人もいるでしょう。暗記できる容量、時間的な制約で厳しい方もいらっしゃるかもしれません。その場合は分けて行う形でも結構です。皆様のニーズに合わせた無理のないやり方で学習を行ってください。

音声ファイル番号一覧

*スペースの都合で一部タイトルを省略して掲載しています。

トレーニングの注意点

1 大きな声を出して練習しよう

　本書はペーパーテストの練習ではなく、**スピーキング力を高める**ための本です。ですので、練習を行う際は、大きな声で読んでいくことが大切です。これは語学学習の中で昔から言われてきたことですが、本書でも同様のことを強調させていただきます。**近年は脳研究の立場からも、声を出して練習する場合の脳の働きは、黙読するよりもはるかに脳の働いていることが報告されています。**単純な話ですが、間違いを恐れずに大きな声で読んでいきましょう。

2 リズムを意識しよう

　外国語学習の初級段階では「発音が重要だ」と言われてきたことと思います。正しい発音、きれいな発音というのは重要な要素ではあります。ただし、あまり一つひとつの発音に捉われすぎるとかえって構文習得の妨げともなりえます。人の認知構造はある物を**まとまり（チャンク）**として捉える機能が備わっています。よって正しい発音であっても、それがどういうチャンクの中で発せられているのか認識できなければ、その意味が相手にも伝わらなく

なります。その点から考えても、流れるリズムという点に意識するといいでしょう。**単語一つひとつ細切れにならないように、できるだけリズミカルに読んでいきましょう。**単語間の息継ぎにあまり長い時間をかけすぎないようにしましょう。

3 すべての文を完璧にマスターしよう

　冒頭でもお話しした通り、本書は文法的な体系をしっかり理解し、ドイツ語コミュニケーションで必要とされる基本構文をスムーズに産出できるようになることを目標としています。しっかり文を習得できているか否か、文の一言一句に間違いや詰まった部分があればしっかりチェックし、修正しましょう。

4 1グループずつ着実に理解して次のステップへ

　本書は基本文型をもとに全75課を8つのPARTと19のグループに分類しています。よって、次のグループにコマを進めていくには、前のグループの基本文型をしっかりマスターしておく必要があります。**必ず各グループの基本文型をしっかりマスターしたかどうかを確認した上で、次のグループへと学習を進めて下さい。**もしも、各グループ内で反射的にドイツ語変換の行えないグループがあれば、その部分をしっかり補強し、次のステップには進まないでおきましょう。

本書の構成 1　p.40 ～ 203

〔文の構造図〕
文の構造が一目で把握できるように、なるべく図式で表しています。

音声は日本語→ドイツ語の順番で収録されています。

〔補足メモ〕
例文で説明が必要なものについて、ここで簡単な説明をしています。

10 ●目的語（4 格）＋目的語（3 格）

父は母にハンドバッグをプレゼントする。

DER VATER SCHENKT DER MUTTER EINE HANDTASCHE.
S　P　O3　O4

🔊 12

1 父は**母にハンドバッグを**プレゼントする。

2 彼は**彼女にそれ（ハンドバッグ）を**プレゼントする。

3 彼女は**彼に**オンラインで**ハンディファンを**買った。

4 ボーイは**客に定食を**すすめた。

5 彼女は**彼に住所を**知らせた。

6 彼は**彼女に愛を**打ち明けた。

7 彼らは**私の時間を**奪った。

8 彼らは**私にこのホテルを**すすめてくれた。

補足メモ
4 Menü は「定食」、メニューは「Speisekarte」。

58

S (Subjekt) 主語
P (Prädikat) 述語
A (Adverb) 副詞、状況語
N (Nomen) 名詞
O (Objekt) 目的語／**O2** 2格の目的語／**O3** 3格の目的語／**O4** 4格の目的語
OP (Präpositionalobjekt) 前置詞句
GEN/G (Genitiv) 2格
PRÄP (Präposition) 前置詞
V (Verb) 動詞

ADJ (Adjektiv) 形容詞
RP (Reflexivpronomen) 再帰代名詞
MV (Modalverb) 話法の助動詞
INF (Infinitiv) 動詞の不定詞
HV (Hilfsverb) 助動詞
PART II (Partizip II) 過去分詞
PRÄFIX (Präfix) 前つづり
FW (Fragewort) 疑問詞
IP (Interrogativpronomen) 疑問代名詞

ID (Indefinitpronomen) 不定代名詞
BZ (Bruchzahl) 分数
OZ (Ordinalzahl) 序数
KZ (Kardinalzahl) 基数
BA (der bestimmte Artikel) 定冠詞 (類)
UA (der unbestimmte Artikel) 不定冠詞 (類)
NS (Nebensatz) 副文
HS (Hauptsatz) 主文
KONJ.I (Konjunktiv I) 接続法1式
KONJ.II (Konjunktiv II) 接続法2式

◉ 文法をおさえよう

主語 + 述語〈他動詞〉+ 目的語 (4格) + 目的語 (3格)

☆他動詞が4格目的語だけでなく、3格目的語も必要とする文型です。目的語の語順に注意が必要です。
　①共に名詞のときは3格4格の順 (①、④)
　②共に人称代名詞のときは4格3格の順 (②)
　③人称代名詞と名詞があるときは格に関係なく代名詞が先 (③、⑤～⑧)

〔文法をおさえよう〕
該当番号を明記しています。どの文に当たるのかをしっかりとチェックしましょう。

① Der Vater schenkt **der Mutter eine Handtasche**.

② Er schenkt **sie ihr.**

③ Sie hat **ihm einen tragbaren Ventilator** online gekauft.

④ Der Ober empfahl **dem Kunden das Menü**.

⑤ Sie teilte **ihm ihre Adresse** mit.

〔日本語文・ドイツ語文〕
各課、文法の該当箇所はわかりやすく太字にしてあります。

⑥ Er erklärte **ihr seine Liebe**.

⑦ Sie haben **mir die Zeit** gestohlen.

⑧ Sie haben **mir dieses Hotel** vorgeschlagen.

本書の構成 2

p.206 ~ 237

50 音順 フレーズトレーニング

ここでは本文中で使用しているフレーズ（句）を 50 音順に配列してあります。音声を聞いて覚えましょう。このトレーニングをすることで本文の作文がしやすくなります。

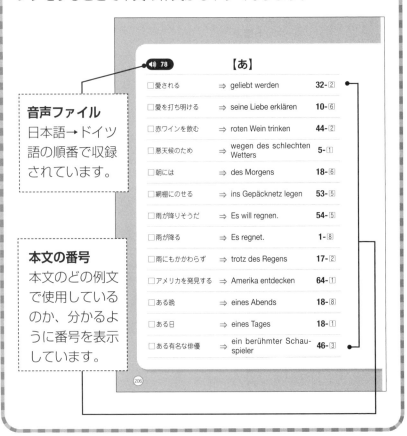

音声ファイル
日本語→ドイツ語の順番で収録されています。

本文の番号
本文のどの例文で使用しているのか、分かるように番号を表示しています。

【あ】

◀ 78

□愛される	⇒ geliebt werden	**32-**2
□愛を打ち明ける	⇒ seine Liebe erklären	**10-**6
□赤ワインを飲む	⇒ roten Wein trinken	**44-**2
□悪天候のため	⇒ wegen des schlechten Wetters	**5-**1
□朝には	⇒ des Morgens	**18-**6
□網棚にのせる	⇒ ins Gepäcknetz legen	**53-**5
□雨が降りそうだ	⇒ Es will regnen.	**54-**5
□雨が降る	⇒ Es regnet.	**1-**8
□雨にもかかわらず	⇒ trotz des Regens	**17-**2
□アメリカを発見する	⇒ Amerika entdecken	**64-**1
□ある晩	⇒ eines Abends	**18-**8
□ある日	⇒ eines Tages	**18-**1
□ある有名な俳優	⇒ ein berühmter Schauspieler	**46-**3

音声ダウンロードの方法

音声をスマートフォンや PC で、簡単に
聞くことができます。

方法1 スマホで聞く場合

面倒な手続きなしにストリーミング再生で聞くことができます。

※ストリーミング再生になりますので、通信制限などにご注意ください。
　また、インターネット環境がない状況でのオフライン再生はできません。

このサイトにアクセスするだけ！

https://soundcloud.com/yqgfmv3ztp15/
sets/bwque26gyzuj

1 上記サイトにアクセス！

2 アプリを使う場合は
SoundCloud に
アカウント登録 (無料)

方法2 パソコンで音声ダウンロードする場合

パソコンで mp3 音声をダウンロードして、スマホなどに取り込むこと
も可能です。(スマホなどへの取り込み方法はデバイスによって異なります)

1 下記のサイトにアクセス

https://www.cosmopier.com/
download/4864542005

2 中央のボタンをクリックする

音声は PC の一括ダウンロード用圧縮ファイル (ZIP 形式) でご提供します。
解凍してお使いください。

電子版の使い方

音声ダウンロード不要
ワンクリックで音声再生！

本書購読者は
無料でご使用いただけます！
音声付きで
本書がそのままスマホでも
読めます。

電子版ダウンロードには
クーポンコードが必要です

詳しい手順は下記をご覧ください。
右下の QR コードからもアクセスが
可能です。

電子版：無料引き換えコード
D8e3Rf

ブラウザベース（HTML5 形式）でご利用
いただけます。

★クラウドサーカス社 ActiBook電子書籍
　（音声付き）です。
●対応機種
・PC（Windows/Mac）　・iOS（iPhone/iPad）
・Android（タブレット、スマートフォン）

電子版ご利用の手順

❶コスモピア・オンラインショップにアクセス
　してください。（無料ですが、会員登録が必要です）

https://www.cosmopier.net/

❷ログイン後、カテゴリ「電子版」のサブカテゴリ「書籍」をクリックします。

❸本書のタイトルをクリックし、「カートに入れる」をクリック。

❹「カートへ進む」→「レジに進む」と進み、「クーポンを変更する」をクリック。

❺「クーポン」欄に本ページにある無料引き換えコードを入力し、「登録する」をクリック。

❻ 0 円になったのを確認して、「注文する」をクリックしてください。

❼ご注文を完了すると、「マイページ」に電子書籍が登録されます。

Part 1

ドイツ語の基本文型を身につけよう

(1) 主語＋述語（自動詞）
……1 課〜 8 課

(2) 主語＋述語（他動詞）＋目的語（4 格）
……9 課〜 13 課

●主語と述語

バラが咲く。

DIE ROSEN BLÜHEN.
S   P

🔊 03

① 鳥が**さえずる**。

② バラが**咲く**。

③ 彼女が**笑う**。

④ 子供たちが**遊ぶ**。

⑤ 月が**輝く**。

⑥ 彼は**夢見る**。

⑦ 鐘が**鳴る**。

⑧ 雨が**降る**。

――\ 補足メモ /――

① 名詞には3種類の性別と4つの格、そして単数と複数があります。die Vögel は der Vogel の複数1格。また動詞にも3つの人称と単複の区別があります。singen は、不定詞 singen の3人称複数の形です。②、④、⑦も同様です。

🄶 文法をおさえよう

主語 (S)＋述語 (自動詞) (P)

☆文の最も単純な構造は、「主語＋述語」。ここでは述語である動詞が自動詞で、それ以外の文成分を必要としない場合を見ていきます。文の要となる動詞は、4格の目的語を必要としない自動詞と、必ず4格と共に用いる他動詞 (9課を参照) に分類されます。

1 Die Vögel **singen**.

1 Die Vögel **singen**.

2 Die Rosen **blühen**.

3 Sie **lacht**.

4 Kinder **spielen**.

5 Der Mond **scheint**.

6 Er **träumt**.

7 Die Glocken **läuten**.

8 Es **regnet**.

3 sie は3人称単数なので、動詞は不定詞 lachen の語幹に語尾の -t がついて、lacht となります。
5、6、8も同様です。
5 der Mond は、男性名詞 Mond の単数1格で、3人称になります。

子供たちが校庭で遊んでいる。

KINDER SPIELEN AUF DEM SCHULHOF.
S   P   A

🔊 04

1 子供たちが**校庭で**遊んでいる。

2 太陽は**東に**昇り、**西に**沈む。

3 その本は**机の上に**ある。

4 ハイデルベルクは**ネッカー川沿いに**ある。

5 彼女は**田舎に**住んでいる。

6 彼は**スイスに**行く。

7 彼らは**図書館で**働いている。

8 私は**京都の大学で**勉強しています。

＼補足メモ／

1 不特定多数は無冠詞になります。例：一匹の猫「eine Katze」→不特定多数の猫「Katzen」 また前置詞 auf は 3・4 格支配ですが、ここでは場所を表すので後の名詞は 3 格になっています。6 を除いてすべて同様です。

◎ 文法をおさえよう

主語 + 述語（自動詞）+ **状況語（場所）**

☆動詞の種類によって、状況語が必ず必要な場合（③、④、⑤）と、そうでない場合があります。
☆ドイツ語では、主語以外の文成分がよく文頭に置かれます。たとえば①は、**Auf dem Schulhof spielen Kinder.** とすることもできます。動詞は必ず要素の2番目に置かれます。

① Kinder spielen **auf dem Schulhof**.

② Die Sonne geht **im Osten** auf und **im Westen** unter.

③ Das Buch liegt **auf dem Tisch**.

④ Heidelberg liegt **am Neckar**.

⑤ Sie wohnt **auf dem Lande**.

⑥ Er fährt **in die Schweiz**.

⑦ Sie arbeiten **in der Bibliothek**.

⑧ Ich studiere **an einer Universität in Kyoto**.

主語 + 述語（自動詞）

② 昇る「aufgehen」と、沈む「untergehen」は分離動詞。
⑥ in も3・4格支配ですが、方向を表しているので後のスイスは4格になります。国名や地名はほとんど中性で無冠詞で用いますが、スイスは女性名詞です。

3

●《時》を表す状況語

私たちは 21 世紀に 生きている。

<u>WIR</u> <u>LEBEN</u> <u>IM 21. JAHRHUNDERT.</u>
  S   P   A

 05

1　会議は 2 時間続いた。

2　1 日中雨だった。

3　日曜日におじさんがやってきます。

4　私たちは一晩中飲み明かした。

5　彼の仕事は 5 時に終わる。

6　ゲストは午前 10 時ごろに到着します。

7　1 週間後に彼らは帰ってきます。

8　私たちは 21 世紀に生きている。

—＼補足メモ／——

1 時制は過去。過去形の基本は「語幹＋ te」です。4は不規則変化。
2 時制は現在完了。「haben または sein ＋過去分詞〈文末〉」で表します。過去分詞の基本は「ge ＋語幹＋ t」です。

◎ 文法をおさえよう

主語 + 述語（自動詞）+ **状況語（時）**

☆動詞の種類によって、状況語が必要な場合（①）と省略可能な場合があります。

① Die Sitzung dauerte **2 Stunden**.

＊2（zwei）

② Es hat **den ganzen Tag** geregnet.

③ **Am Sonntag** kommt der Onkel.

④ Wir tranken **die ganze Nacht hindurch**.

⑤ Seine Arbeit endet **um 5 Uhr**.

＊5（fünf）

⑥ Die Gäste treffen **gegen 10 Uhr** vormittags ein.

＊10（zehn）

⑦ **In einer Woche** kommen sie zurück.

⑧ Wir leben **im 21. Jahrhundert**.

＊21（einundzwanzig）

⑧ 序数に注意。19までは基数に -t を、また 20 以上は基数に -st をつけます。ほとんどの場合冠詞を伴うので、さらに形容詞の格変化語尾がつきます。その結果 einundzwanzigsten となります。書くときは、数字とピリオドで表現します。

4

●《様態》を表す状況語

ハイジは料理がうまい。

<u>HEIDI</u> <u>KOCHT</u> <u>GUT</u>.
  S   P   A

🔊 06

1 ハイジは料理が**うまい**。

2 ペーターは歌が**下手**だ。

3 その家は**空き家**だ。

4 彼らは**熱心**に働く。

5 コーヒーには**覚醒作用**がある。

6 その患者は**容体が悪**そうだ。

7 そのデバイスは**よく**動きますか?

8 彼らは**ブラボー**と叫んだ。

\補足メモ/

7 疑問文には、疑問詞のある補足疑問文と、疑問詞のない決定疑問文があります。7は後者の場合で、動詞を文頭に置いて作ります。

◉ 文法をおさえよう

主語 + 述語 (自動詞) + **状況語 (様態)**

☆様態を表す状況語には、主に副詞が使われます。ドイツ語の形容詞は、そのまま副詞としても使えます。

1 Heidi kocht **gut**.

2 Peter singt **schlecht**.

3 Das Haus steht **leer**.

4 Sie arbeiten **fleißig**.

5 Kaffee wirkt **anregend**.

6 Der Patient sieht **schlecht** aus.

7 Funktioniert das Gerät **gut**?

8 Sie riefen **bravo**.

5

● 《原因》を表す状況語

その火事は不注意が原因で起きた。

<u>DER BRAND</u> <u>ENTSTAND</u> <u>AUS UNACHTSAMKEIT</u>.
S　　　　　P　　　　　　A

🔊 07

1. 悪天候のため彼らは外出しない。

2. 彼女は**病気のために**来なかった。

3. **霧のため**飛行機は着陸できなかった。

4. 彼女は**道路工事のために**来るのが遅れた。

5. その行為は**ねたみから**生まれた。

6. **エンジンが故障したために**この車は動かない。

7. その火事は**不注意が原因で**起きた。

8. **事故のために**バスが来ない。

補足メモ

1 wegen は《原因・理由》を述べる2格支配の前置詞。
3 infolge は《原因》を表す2格支配の前置詞。2格の代わりに、4のように von + 3格を
用いることもあります。konnte は話法の助動詞 können の過去。不定詞を文末に置いて、枠

📀 文法をおさえよう

主語 + 述語 (自動詞) + **状況語** (原因)

☆《原因》は、主に前置詞句によって表されます。2格支配の **wegen** や **infolge** がその代表です。

---

① **Wegen des schlechten Wetters** gehen sie nicht aus.

....

② **Wegen der Krankheit** ist sie nicht gekommen.

....

③ **Infolge Nebels** konnte das Flugzeug nicht landen.

....

④ Sie kam **infolge von Straßenbauarbeiten** zu spät.

....

⑤ Die Tat geschah **aus Neid**.

....

⑥ **Wegen eines Motorschadens** fährt das Auto nicht.

....

⑦ Der Brand entstand **aus Unachtsamkeit**.

....

⑧ **Infolge eines Unfalls** kommt der Bus nicht.

構造を作ります。

6

私の父は医者だ。

MEIN VATER IST ARZT.
<u>S</u>　　P　N

🔊 08

① 彼は**ドイツ人**だ。

② 私の父は**医者**だ。

③ 彼女は**政治家**だ。

④ あのサッカー選手は**私の友人**だ。

⑤ 彼女は依然としてクラスの**トップ**だ。

⑥ 彼は**首相**のままである。

⑦ 彼は**前途有望な音楽家**である。

⑧ 彼女は 16 年間**首相**であった。

―――\ 補足メモ /―――
　①身分、職業、国籍を紹介する場合は、無冠詞になります。②、③、⑥、⑧も同様。Deutscher は形容詞 deutsch の名詞的用法。
　⑤ die Beste は形容詞 gut の最上級 best の名詞的用法。

◎ 文法をおさえよう

主語 ＋ 述語（自動詞）＋ **名詞**（1 格）

☆この文型は **A ＝ B**（主語＝1 格名詞）の等式関係を表します。動詞には **sein**、**werden**、**bleiben** などが用いられます。

① Er ist **Deutscher**.

② Mein Vater ist **Arzt**.

③ Sie ist **Politikerin**.

④ Der Fußballspieler ist **mein Freund**.

⑤ Sie bleibt **die Beste** in der Klasse.

⑥ Er bleibt **Bundeskanzler**.

⑦ Er ist **ein vielversprechender Musiker**.

⑧ Sie war 16 Jahre **Bundeskanzlerin**.

主語 ＋ 述語（自動詞）

7

●目的語（3格）

彼女は友人に感謝する。

S̲I̲E̲ <u>DANKT</u> <u>DER FREUNDIN</u>.
　 S　　P　　　 O3

🔊 09

① 彼女は**友人に**感謝する。

② 彼らは**貧しい人たちを**助ける。

③ 彼女は親切に**私に**答えてくれた。

④ 彼は SNS で**友人を**フォローする。

⑤ その犬は急いで**飼い主の**後を追いかけた。

⑥ どの車が**あなたの**ですか？

⑦ **彼女は**チョコレートをおいしいと感じない。

⑧ **彼は**そのアプリがとても気に入った。

補足メモ

② den Armen は形容詞 arm の名詞的用法。

③ 人称代名詞 mir の位置に注意。代名詞は一般的に、動詞の直後に置かれます。⑧も同様。

⑤ Herrchen は Herr の縮小形です。名詞に -chen をつけると「小さくかわいいもの、親し

◎ 文法をおさえよう

主語 + 述語（自動詞）+ **目的語（3格）**

☆この文型を作るのは、3格の目的語を要求する自動詞です。**danken** と
helfen がその代表です。

1 Sie dankt **der Freundin**.

2 Sie helfen **den Armen**.

3 Sie antwortete **mir** freundlich.

4 Er folgt **seinem Freund** per SNS.

5 Der Hund ist **seinem Herrchen** schnell nachgelaufen.

6 Welches Auto gehört **Ihnen**?

7 Schokolade schmeckt **ihr** nicht.

8 Die App hat **ihm** sehr gut gefallen.

みのあるもの」の意味の中性名詞になります。

8

●目的語（前置詞格）

彼女は会社宛に手紙を
書いた。

<u>SIE</u> <u>HAT</u> <u>AN DIE FIRMA</u> GESCHRIEBEN.
　S　　P　　　OP

🔊 10

① 彼女は 2 時間**彼を**待った。

② 彼はいつも**家族のことを**思っている。

③ 彼女は**会社宛に**手紙を書いた。

④ 誰も**彼の無実を**疑わない。

⑤ 彼は**故郷の**夢を見た。

⑥ 私たちは**早い再会を**期待している。

⑦ ドライバーは**通行人に**注意を払わなければいけない。

⑧ 誰も**友達のことを**悪く言ってはならない。

＼補足メモ／

⑦ muss は、話法の助動詞 müssen の 3 人称単数の形です。動詞の不定詞を文末に置いて、枠構造を作ります。

⑧ soll は、話法の助動詞 sollen の 3 人称単数の形です。枠構造を作ります。

◎ 文法をおさえよう

主語 ＋ 述語 (自動詞) ＋ **目的語** (前置詞格)

☆この文型は、動詞が決まった前置詞と結びついている場合です。これらの動詞は、前置詞と組み合わせて覚える必要があります。

1 Sie hat zwei Stunden **auf ihn** gewartet.

2 Er denkt immer **an seine Familie**.

3 Sie hat **an die Firma** geschrieben.

4 Niemand zweifelt **an seiner Unschuld**.

5 Er hat **von seiner Heimat** geträumt.

6 Wir hoffen **auf ein baldiges Wiedersehen**.

7 Der Fahrer muss **auf die Passanten** achten.

8 Niemand soll **von seinen Freunden** schlecht sprechen.

主語 ＋ 述語 (自動詞)

9

先生はその生徒をほめる。

DER LEHRER LOBT DEN SCHÜLER.
　　　　S　　　P　　　O4

🔊 11

① 彼は**英語も**ドイツ語もできる。

② 先生は**その生徒を**ほめる。

③ 彼女は**その試験に**合格した。

④ その学生は**教授に**質問した。

⑤ この体験が**私を**変えた。

⑥ その会社は**サービスを**改善した。

⑦ 彼らは**自由を**愛している。

⑧ 彼女は両親の意に反して**彼と**結婚した。

――\ 補足メモ /――

① nicht nur ～, sondern auch... 「～だけでなく……も」

🔵 文法をおさえよう

主語 ＋ 述語（他動詞）＋ **目的語（4格）**

☆この文型を作る動詞は、必ず4格の目的語と共に用いなければなりません。
このような動詞を他動詞と呼びます。

①　Er kann **nicht nur Englisch, sondern auch Deutsch**.

②　Der Lehrer lobt **den Schüler**.

③　Sie hat **die Prüfung** bestanden.

④　Der Student hat **den Professor** gefragt.

⑤　Dieses Erlebnis hat **mich** verändert.

⑥　Die Firma hat **ihren Service** verbessert.

⑦　Sie lieben **die Freiheit**.

⑧　Sie hat **ihn** gegen den Willen ihrer Eltern geheiratet.

10

●目的語（4格）＋目的語（3格）

父は母にハンドバッグを
プレゼントする。

<u>DER VATER</u> <u>SCHENKT</u> <u>DER MUTTER</u> <u>EINE HANDTASCHE</u>.
　　　S　　　　P　　　　O3　　　　　　O4

 12

① 父は**母に**ハンドバッグをプレゼントする。

② 彼は**彼女にそれ**（ハンドバッグ）をプレゼントする。

③ 彼女は**彼に**オンラインで**ハンディファンを**買った。

④ ボーイは**客に定食を**すすめた。

⑤ 彼女は**彼に住所を**知らせた。

⑥ 彼は**彼女に愛を**打ち明けた。

⑦ 彼らは**私の時間を**奪った。

⑧ 彼らは**私にこのホテルを**すすめてくれた。

―――\ 補足メモ /――――――――――――――――――
　④ Menü は「定食」、メニューは「Speisekarte」。

② 文法をおさえよう

主語 + 述語(他動詞) + **目的語(4格)** + **目的語(3格)**

☆他動詞が4格目的語だけでなく、3格目的語も必要とする文型です。目的語の語順に注意が必要です。
　①共に名詞のときは3格4格の順（①、④）
　②共に人称代名詞のときは4格3格の順（②）
　③人称代名詞と名詞があるときは格に関係なく代名詞が先（③、⑤〜⑧）。

① Der Vater schenkt **der Mutter eine Handtasche**.

② Er schenkt **sie ihr.**

③ Sie hat **ihm einen tragbaren Ventilator** online gekauft.

④ Der Ober empfahl **dem Kunden das Menü**.

⑤ Sie teilte **ihm ihre Adresse** mit.

⑥ Er erklärte **ihr seine Liebe**.

⑦ Sie haben **mir die Zeit** gestohlen.

⑧ Sie haben **mir dieses Hotel** vorgeschlagen.

主語 + 述語（他動詞）+ 目的語（4格）

11

その観光客は私に道を
たずねた。

<u>DER TOURIST</u> <u>FRAGTE</u> <u>MICH</u> <u>NACH DEM WEG</u>.
  S   P   O4   OP

🔊 13

1️⃣ その観光客は**私に道を**たずねた。

2️⃣ 子供たちは**夏休みを**楽しみにしている。

3️⃣ 私は**君からのプレゼントが**とてもうれしかった。

4️⃣ 彼は**若い世代に大きな影響を**与えた。

5️⃣ 私は**彼に関心が**ある。

6️⃣ 彼は**私に彼の父親を**思い起こさせる。

7️⃣ 私はちょうど**仕事中**です。

8️⃣ その子供は**その大きな犬を**怖がる。

補足メモ

2️⃣ 「楽しみにする（sich ＋ auf 4 格＋ freuen）」という再帰動詞の決まった表現。
3️⃣ 「喜ぶ（sich ＋ über 4 格＋ freuen）」
6️⃣ 「思い出す（sich ＋ an 4 格＋ erinnern）」

◉ 文法をおさえよう

主語 + 述語（他動詞）+ **目的語（4格）**+ **目的語（前置詞格）**

☆この文型は「たずねる（人の4格 + nach 3格 + fragen）」のように、公式として覚えましょう。特に②、③や⑥〜⑧は再帰動詞の熟語的表現なので、注意が必要です。

1 Der Tourist fragte **mich nach dem Weg**.

2 Die Kinder freuen **sich auf die Sommerferien**.

3 Ich habe **mich** sehr **über dein Geschenk** gefreut.

4 Er hat **einen großen Einfluss auf die junge Generation** ausgeübt.

5 Ich habe **Interesse an ihm**.

6 Er erinnert **mich an seinen Vater**.

7 Ich beschäftige **mich** gerade **mit meiner Arbeit**.

8 Das Kind fürchtet **sich vor dem großen Hund**.

7 「従事する（sich + mit 3格 + beschäftigen）」
8 「怖がる（sich + vor 3格 + fürchten）」

12 ●目的語（4格）＋状況語（場所）

彼女は壁にその絵をかける。

SIE HÄNGT DAS BILD AN DIE WAND.
S   P   O4   A

🔊 14

1 彼女は**壁に**その絵をかける。

2 その学生は**教科書を**机の上に置く。

3 母親は**子供を**イスに座らせる。

4 彼は**両手を**ポケットに突っ込んだ。

5 私は**客を**駅まで送って行った。

6 彼は**その手紙を**くずかごに投げ入れた。

7 彼は**イスを**テーブルの方に引いた。

8 先生は**ある長い詩を**黒板に書いた。

\補足メモ/

5 zu は3格支配なので、他の例とは違って名詞は3格になります。

8 形容詞の混合変化（不定冠詞類＋形容詞）では、男性1格と中性1・4格で特に注意が必要です。男性の例「ein langer Brief（長い手紙）」、中性の例「ein langes Gedicht（長い詩―1・

● 文法をおさえよう

主語 ＋ 述語（他動詞）＋ **目的語（4 格）＋ 状況語（場所）**

☆場所を表す状況語にはたいてい前置詞句が用いられますが、「〜へ（〜に）」と方向が示されるので、3・4 格支配の前置詞の場合、後続する名詞は 4 格になります。

1. Sie hängt **das Bild an die Wand**.

2. Der Student legt **das Lehrbuch auf den Tisch**.

3. Die Mutter setzt **ihr Kind auf den Stuhl**.

4. Er steckte **die Hände in die Taschen**.

5. Ich habe **den Gast zum Bahnhof** gebracht.

6. Er warf **den Brief in den Papierkorb**.

7. Er zog **den Stuhl an den Tisch**.

8. Der Lehrer hat **ein langes Gedicht an die Tafel** geschrieben.

主語 ＋ 述語（他動詞）＋ 目的語（4 格）

4 格とも）」

13

●目的語（4格）＋状況語（様態）

彼は壁を白く塗る。

Er streicht die Wand weiss.
S   P   O4   A

🔊 15

1. 彼は**壁を白く**塗る。

2. 彼は**彼女を幸せに**した。

3. **子供たちは楽しそうに**見える。

4. 彼は**髪を金髪に**染めさせた。

5. 彼女は**侮辱された**と感じた。

6. 私はここが**自分の家のように**感じる。

7. 私は**それが正しいと**悟った。

8. 彼は**病気のふりを**する。

＼補足メモ／

4 「sich ＋不定詞＋ lassen（～させる、してもらう）」の意味になります。
5 beleidigt は他動詞 beleidigen の過去分詞から作られたもので、受動の完了「～された」
を意味します。

📀 文法をおさえよう

主語 ＋ 述語（他動詞）＋ **目的語（4 格）** ＋ **状況語（様態）**

☆この文型は他動詞の 4 格目的語が置かれる状態を、副詞で表現した構造です。

1. Er streicht **die Wand weiß**.

2. Er machte **sie glücklich**.

3. Ich sehe **die Kinder fröhlich**.

4. Er hat sich **das Haar blond** färben lassen.

5. Sie fühlte **sich beleidigt**.

6. Ich fühle **mich** hier **wie zu Hause**.

7. Ich erkannte **es als richtig**.

8. Er stellt **sich krank**.

Part**2**

 格の使い方を
学ぼう

14

●主語および述語、あるいは呼びかけとして

その女性は、ドイツ人です。

<u>DIE DAME</u> <u>IST</u> <u>DEUTSCHE</u>.
　　S　　　P　　　N

🔊 16

① その女性は、ドイツ人です。

② 彼は、いつも私の味方だった。

③ レオンは医者になるだろう。

④ 彼は救い主と呼ばれている。

⑤ 父は東京で働いています。

⑥ 誰がそんなことをしたのだろう？

⑦ 拝啓シュミット様　＊手紙の書き出し

⑧ 紳士淑女の皆さん！

―――\ 補足メモ /

　① Deutsche は形容詞 deutsch の名詞的用法です。国籍を紹介しているので無冠詞になります。
　③ Arzt も職業を紹介しているので無冠詞です。

📗 文法をおさえよう

主語 + 述語 +1格

☆1格は主格として、ほぼ日本語の「〜は、〜が」にあたります。

1 **Die Dame** ist **Deutsche**.

2 **Er** blieb immer **mein Freund**.

3 **Leon** wird **Arzt** werden.

4 **Er** wird **der Retter** genannt.

5 **Mein Vater** arbeitet in Tokio.

6 **Wer** hat das getan?

7 Sehr geehrter **Herr Schmidt**, …

8 **Meine Damen und Herren**!

一格の用法

4 受動態です。「werden の現在人称変化＋過去分詞〈文末〉」の組み合わせです。
7 相手が女性の場合には Sehr geehrte Frau Schmidt となる。

15 ●付加語として
これが私の兄の大学です。

DAS IST <u>DIE UNIVERSITÄT</u> <u>MEINES BRUDERS</u>.
　　　　　　　S　　　　　　　GEN

 17

1　私は父の車で行く。

2　これが私の兄の大学です。

3　私は学校でリルケの詩を習った。

4　彼らは市の中央広場に集合した。

5　長男が資産の半分を得た。

6　その子は母の愛を必要としている。

7　子供たちの教育が大変重要だ。

8　あなたはこの作品を書いた詩人を知っていますか？

\補足メモ/

3　2格が修飾する名詞の前に置かれた例です。
7　von großer Bedeutung sein で「大変重要である」という意味です。

❷ 文法をおさえよう

主語／目的語 +**2 格**

☆付加語の 2 格は英語や日本語と違い、ふつう修飾する名詞の後に置かれるので注意が必要です。

① Ich fahre mit dem Auto **meines Vaters**.

② Das ist die Universität **meines Bruders**.

③ In der Schule habe ich **Rilkes** Gedichte gelernt.

④ Sie sammelten sich auf dem Marktplatz **der Stadt**.

⑤ Der älteste Sohn hat die Hälfte **des Vermögens** bekommen.

⑥ Das Kind braucht die Liebe **der Mutter**.

⑦ Die Erziehung **der Kinder** ist von großer Bedeutung.

⑧ Kennen Sie den Dichter **dieses Werkes**?

16

私は違う意見です。

> ICH BIN ANDERER MEINUNG.
> S   P (O2)

◀)) 18

① 彼は**機嫌がいい**。

② 彼女は**喜びにあふれている**。

③ 私は**違う意見**です。

④ 彼女は**おめでた**だ。

⑤ この商品は**ドイツ製**だ。

⑥ 彼と彼女は**同意見**だ。

⑦ 彼は**気が変わって**しまった。

⑧ 私たちは**同年**だ。

―\補足メモ/―――――――――――――――――――――――――――
　⑥ derselben は dieselbe の 2 格。selbe の部分が形容詞の弱変化になります。

◎ 文法をおさえよう

主語 + 述語 (=2格)

☆ **sein**、**bleiben**、**werden** などと共に用いられて、所有や所属あるいは性質などを表す用法です。

1. Er ist **guter Laune**.

2. Sie ist **voller Freude**.

3. Ich bin **anderer Meinung**.

4. Sie ist **guter Hoffnung**.

5. Diese Ware ist **deutschen Ursprungs**.

6. Er und sie sind **derselben Ansicht**.

7. Er ist **anderen Sinnes** geworden.

8. Wir sind **gleichen Alters**.

●目的語として

雨にもかかわらず彼らはやってきた。

<u>TROTZ</u> <u>DES REGENS</u> SIND SIE GEKOMMEN.
PRÄP **O2**

🔊 19

1 病気のために彼女は来ない。

2 雨にもかかわらず彼らはやってきた。

3 夏休み中私はドイツに滞在するつもりです。

4 彼には**助言**が必要である。

5 私たちは**戦争の犠牲者**をしのぶ。

6 彼は**殺人の嫌疑**がかけられている。

7 その仕事は**労苦**に値する。

8 彼は**詐欺**を働いた。

＼補足メモ／

3 未来形です。「werden の現在人称変化＋不定詞〈文末〉」の枠構造です。
6 2格＋ verdächtig sein で「～の嫌疑がかけられている」という意味です。
7 2格（または4格）＋ wert sein で「～に値する」という意味です。

❷ 文法をおさえよう

前置詞＋2格 または 主語＋述語＋2格（＋形容詞）

☆2格支配の前置詞や動詞、あるいは形容詞と共に用いられた例です。

① **Wegen der Krankheit** kommt sie nicht.

② **Trotz des Regens** sind sie gekommen.

③ **Während der Sommerferien** werde ich mich in Deutschland aufhalten.

④ Er bedarf **eines Rates**.

⑤ Wir gedenken **der Opfer des Krieges**.

⑥ Er ist **des Mordes** verdächtig.

⑦ Die Arbeit ist **der Mühe** wert.

⑧ Er ist **des Betrugs** schuldig.

2格の用法

18 ●状況語として
わたしは1等車で行く。

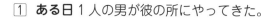

ICH FAHRE ERSTER KLASSE.
S   P   G

 20

① **ある日**1人の男が彼の所にやってきた。

② **左手に**そのホテルが見えます。

③ わたしは**1等車で**行く。

④ **私の知る限り**、夜に列車はない。

⑤ **胸をどきどきさせながら**、彼は彼女を待っていた。

⑥ 私たちは、**朝には**よく散歩をした。

⑦ 彼は**落ち着いた足取りで**やってきた。

⑧ **ある晩**私は激しい頭痛におそわれた。

＼補足メモ／

③ erster Klasse fahren で「1等車で行く」の意味です。「2等車で行く」なら zweiter Klasse fahren となります。

● 文法をおさえよう

主語 + 述語 +**2格**

☆副詞の2格の用法です。時や場所を表すほか、独特の言いまわしがあります。

---

1. **Eines Tages** kam ein Mann zu ihm.

---

2. Sie sehen **linker Hand** das Hotel.

---

3. Ich fahre **erster Klasse**.

---

4. **Meines Wissens** fährt nachts kein Zug.

---

5. **Pochenden Herzens** wartete er auf sie.

---

6. Wir gingen **des Morgens** oft spazieren.

---

7. Er kam **gemessenen Schrittes** herbei.

---

8. **Eines Abends** hatte ich heftige Kopfschmerzen.

19

●前置詞の目的語として

彼女は郵便局で働いている。

SIE ARBEITET BEI DER POST.

S   V   PRÄP O3

🔊 21

① これはもう**時代遅れ**だ。

② 彼女は**郵便局で**働いている。

③ **彼を**入れて、私たちは 10 人だった。

④ **私の考えでは**、彼は今日来ない。

⑤ その子はまだ**学校から**帰ってこない。

⑥ **食事には**おいしいデザートがついた。

⑦ **1 年前から**彼女はドイツ語を学んでいる。

⑧ 私の**向かいに**1 人の老人がすわっている。

＼補足メモ／

④ nach は「…によれば」の意味のときは、後置も可能です。
⑧ gegenüber は、代名詞と共に用いられるときは常に後置されます。

② 文法をおさえよう

主語 + 動詞 + **前置詞** +**3 格**

☆前置詞という名前にもかかわらず後置されることもあるので注意が必要
（4、8）。

1 Das ist schon **aus der Mode**.

2 Sie arbeitet **bei der Post**.

3 **Mit ihm** waren wir zehn.

4 **Meiner Meinung nach** kommt er heute nicht.

5 Das Kind ist noch nicht **von der Schule** zurückgekommen.

6 **Zum Essen** gab es einen leckeren Nachtisch.

7 **Seit einem Jahr** lernt sie Deutsch.

8 **Mir gegenüber** sitzt ein alter Mann.

3 格の用法

20

●動詞の目的語として

この車は、私のではなく彼のだ。

<u>Das Auto hier</u> <u>gehört</u> nicht <u>mir</u>, sondern <u>ihm</u>.
　　　S　　　　　V　　　　　O3　　　　　O3

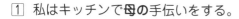

🔊 22

1 私はキッチンで母の手伝いをする。

2 私は家に帰る途中で先生に出会った。

3 私は彼のあとをそっとつけた。

4 私はまだ 300 ユーロ足りない。

5 この車は、私のではなく彼のだ。

6 ミュンヘンはいかがですか？

7 それは私の役に立たなかった。

8 あなたのプレゼントに心よりお礼申し上げます。

――\補足メモ/

　2 begegnen は sein 支配なので注意が必要。

　5 nicht..., sondern ～は「……ではなく、～」の意味。

　6 非人称の es を主語にした gefallen の特徴的な用法です。

◎ 文法をおさえよう

主語 + 動詞（自動詞）+3 格

☆自動詞の中で特に3格と結びつくものの例です。**fehlen**（④）や **gehören**（⑤）、あるいは **gefallen**（⑥）など、独特の構文を作るものが多いので注意が必要です。

---

① Ich helfe **meiner Mutter** in der Küche.

② Ich bin auf dem Heimweg **meinem Lehrer** begegnet.

③ Ich bin **ihm** unauffällig gefolgt.

④ **Mir** fehlen noch 300 Euro.

⑤ Das Auto hier gehört nicht **mir**, sondern **ihm**.

⑥ Wie gefällt es **Ihnen** in München?

⑦ Das hat **mir** nichts genutzt.

⑧ Ich danke **Ihnen** herzlich für das Geschenk.

3 格 の 用 法

21

●形容詞の目的語として

彼は父親に似ている。

ER IST DEM VATER ÄHNLICH.
 S V   O3   ADJ

🔊 23

① 彼は**父親に**似ている。

② どうかいつでも（**私たちのところに**）お越しください。

③ **私は**それを知っている。

④ 私は**あなたの**援助にとても感謝しています。

⑤ 彼は**私の**全然知らない人だ。

⑥ それは**私には**どうでもよいことだ。

⑦ いつでも遠慮なく（**私たちのところに**）いらしてください。

⑧ 彼女は**ワインに**目がない。

＼補足メモ／

⑦ 直訳すれば、「あなたは私たちにいつでも歓迎される」となります。

🔵 文法をおさえよう

主語 + 動詞 +**3 格** + 形容詞

☆3格と結びつく形容詞にはよく使われるものが多く、特に決まり文句のような表現は直訳では理解できない場合もあるので注意が必要。

1. Er ist **dem Vater** ähnlich.

2. Sie sind **uns** immer angenehm.

3. Das ist **mir** bekannt.

4. Ich bin **Ihnen** für Ihre Mühe sehr dankbar.

5. Er ist **mir** ganz fremd.

6. Es ist **mir** ganz gleichgültig.

7. Sie sind **uns** jederzeit willkommen.

8. Sie ist **dem Wein** sehr zugetan.

22 ●独立の３格

その犬は彼の足をかんだ。

DER HUND BISS IHM INS BEIN.
     S   **V** **O3**   **OP**

🔊 24

① 私は（**私の**）手を洗う。

② その犬は**彼の**足をかんだ。

③ 彼女は**彼の**肩をたたいた。

④ 彼は**その少女の**ほおをなでた。

⑤ 私は**おばあさんのために**ドアを開ける。

⑥ それは**私にとって**うれしいことです。

⑦ この詩を（**私に**）朗読してください！

⑧ 彼は**彼らから**貴重品をすべて奪い取る。

＼補足メモ／

① Ich wasche meine Hände. とは言いません。
⑧ この ihnen は、特に「奪離の３格」と呼ばれます。

📖 文法をおさえよう

主語 + 動詞 +**3 格** +4 格／前置詞句

☆他の成分と関係しない3格の用法です。最も重要なのが「所有の3格」と
呼ばれるもので、体の部分を表現するとき、所有代名詞を用いないで所有者
を表す3格と定冠詞で表現する用法です（①〜④）。

① Ich wasche **mir** die Hände.

② Der Hund biss **ihm** ins Bein.

③ Sie klopfte **ihm** auf die Schulter.

④ Er streichelte **dem Mädchen** die Wangen.

⑤ Ich öffne **der alten Frau** die Tür.

⑥ Das ist **mir** eine Freude.

⑦ Lesen Sie **mir** dieses Gedicht vor!

⑧ Er raubt **ihnen** alle Wertsachen.

3 格 の 用 法

23

●前置詞の目的語として

彼は家族のために働く。

ER ARBEITET FÜR SEINE FAMILIE.
S   V   PRÄP   O4

🔊 25

1 私たちは**町を**通って行った。

─────────────

2 彼は**家族**のために働く。

─────────────

3 私たちは**戦争**反対のデモ行進をする。

─────────────

4 **眼鏡**がないと私は何も読めない。

─────────────

5 地球は**太陽**の周りをまわっている。

─────────────

6 彼女はカレンダーを**壁**に掛ける。

─────────────

7 私はこの夏に**スイス**へ行く。

─────────────

8 彼は携帯電話を**テーブル**の上に置く。

─────────────

\補足メモ/

6 hängen は自動詞として用いるときは3格と、また他動詞のときは4格と結びつきます。

◉ 文法をおさえよう

主語 + 動詞 + 前置詞 + **4 格**

☆ 4 格と結びつく前置詞には 4 格支配の前置詞と、3・4 格支配の前置詞とがあります。後者の場合は、方向が表されているときに 4 格をとります（⑥～⑧）。

⑴ Wir sind durch **die Stadt** gefahren.

⑵ Er arbeitet für **seine Familie**.

⑶ Wir demonstrieren gegen **den Krieg**.

⑷ Ohne **Brille** kann ich nichts lesen.

⑸ Die Erde bewegt sich um **die Sonne**.

⑹ Sie hängt den Kalender an **die Wand**.

⑺ Ich fahre diesen Sommer in **die Schweiz**.

⑻ Er legt sein Handy auf **den Tisch**.

4 格の用法

24 彼は入学試験に合格した。

ER HAT DIE AUFNAHMEPRÜFUNG BESTANDEN.
S   V   O4

🔊 26

1 彼は**私に**名前をたずねた。

2 先生は**彼を**勉強のことでほめた。

3 彼女は**彼を**うそつきとののしった。

4 ここから**アルプスが**見える。

5 彼は子供のころから**切手を**集めている。

6 彼は停留所まで**ベビーカーを**押していく。

7 彼は**その写真を** SNS にアップした。

8 彼は**入学試験に**合格した。

───\補足メモ/───

1 der Name は独特の変化をします。2 格で des Namens、その他はすべて Namen となります。

3 schimpfen は「~（4格）を……（4格）とののしる」のように、4格を2つ要求する動

文法をおさえよう

主語 + 動詞 + **4格**

☆他動詞の4格目的語の例です。4格目的語を2つとる動詞もあるので注意が必要です（③）。

① Er hat **mich** nach dem Namen gefragt.

② Der Lehrer lobte **ihn** für seine Arbeit.

③ Sie hat **ihn einen Lügner** geschimpft.

④ Man kann von hier aus **die Alpen** sehen.

⑤ Er sammelt von Kindheit an **Briefmarken**.

⑥ Er schiebt **den Kinderwagen** bis zur Haltestelle.

⑦ Er postete **das Foto** auf SNS.

⑧ Er hat **die Aufnahmeprüfung** bestanden.

詞です。
④ von hier aus の aus は強調のための副詞です。⑤の an もそうです。またアルプス die Alpen は複数です。

彼はもう一週間も留守だ。

<u>ER</u> <u>IST</u> SCHON <u>EINE WOCHE</u> ABWESEND.
S V   **A4**

🔊 27

1 来週の日曜日に、私はおじを訪ねる。

2 彼はもう1週間も留守だ。

3 1日おきに彼は医者に行く。

4 彼女は階段を下りてくる。

5 ちょっとお待ちください。

6 そのころ彼は100kg近くあった。

7 こんなものは一文の値打もない。

8 カバンをわきに抱えて、彼は急いでオフィスに入って行った。

―\補足メモ/―
6 数量を表す例で、100kgが4格になっています。
8 絶対的4格と呼ばれるもので、habendが省略されたと考えられます。

90

文法をおさえよう

主語 + 動詞 + **状況語 (4格)**

☆時や場所、あるいは方法が4格の副詞として表現された構造です。

1. **Nächsten Sonntag** besuche ich meinen Onkel.

2. Er ist schon **eine Woche** abwesend.

3. **Einen Tag um den anderen** geht er zum Arzt.

4. Sie kommt **die Treppe** herunter.

5. Warten Sie bitte **einen Augenblick**!

6. Er wog damals fast **100 kg**.

7. Diese Sache ist **keinen Pfennig** wert.

8. **Die Mappe** unterm Arm, trat er eilig ins Büro ein.

4格の用法

Part **3**

語順の知識を
深めよう

26

● 3格目的語と4格目的語、または前置詞格目的語がある場合

父は私にネクタイの
お礼を言う。

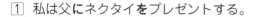

DER VATER DANKT MIR FÜR DIE KRAWATTE.

　　S　　　　V　　O3　　　OP

🔊 28

① 私は父に**ネクタイを**プレゼントする。

② 私はそれ（ネクタイ）**を**彼に**プレゼント**する。

③ 私は彼に**ネクタイを**プレゼントする。

④ 私はそれ**を**父に**プレゼント**する。

⑤ 父親は息子に**ネクタイの**お礼を言う。

⑥ 父は私に**ネクタイの**お礼を言う。

⑦ 父親は息子に**その**お礼を言う。

⑧ 今日、息子が私に**ネクタイを**プレゼントしてくれた。

\補足メモ/

③ 名詞と代名詞があるときは格に関係なく代名詞を先に置きます。
⑤ 前置詞句は一般的に後置されます。

🔊 文法をおさえよう

主語 + 他動詞 + **目的語 (3格)** + **目的語 (4格)**(+ **前置詞格目的語**)

☆ 10 課で練習した目的語の語順のまとめです。見出しでは「3 格＋4 格」の順になっていますが、目的語が2つとも代名詞のときは「4 格＋3 格」の順になり、名詞と代名詞があるときは「代名詞＋名詞」の順になります。前置詞つきの目的語も含めて様々なケースを練習していきましょう。

1. Ich schenke **dem** Vater **eine** Krawatte.

2. Ich schenke **sie ihm**.

3. Ich schenke **ihm eine** Krawatte.

4. Ich schenke **sie dem** Vater.

5. Der Vater dankt **dem** Sohn **für die** Krawatte.

6. Der Vater dankt **mir für die** Krawatte.

7. Der Vater dankt **dem** Sohn **dafür**.

8. Heute hat **mir** mein Sohn **eine** Krawatte geschenkt.

27 ●再帰代名詞①
ペーターは音楽に興味がある。

<u>PETER</u> <u>INTERESSIERT</u> <u>SICH</u> FÜR MUSIK.
   S   **V**   **RP**

🔊 29

① ペーターは音楽に興味がある。

---

② 君は音楽に興味があるかい？

---

③ あなたのお父さんは音楽に興味がありますか？

---

④ 体調はいかがですか？

---

⑤ あなたのご両親はいかがですか？

---

⑥ 彼は携帯電話を買う。

---

⑦ 私は彼に、彼女も携帯電話を買うかたずねる。

---

⑧ 私は、彼女の父親が携帯電話を買うのを知っている。

＼補足メモ／
  ② 人称代名詞が主語になっているときは、再帰代名詞はその後に置かれます。
  ③ 普通の名詞が主語の場合は、再帰代名詞のほうが先に置かれます。

⚫ 文法をおさえよう

主語 + 他動詞 + 再帰代名詞

☆再帰代名詞は、ふつう動詞の直後に置かれます。

① Peter **interessiert sich** für Musik.

② **Interessierst** du **dich** für Musik?

③ **Interessiert sich** Ihr Vater für Musik?

④ Wie **befinden** Sie **sich**?

⑤ Wie **befinden sich** Ihre Eltern?

⑥ Er **kauft sich** ein Handy.

⑦ Ich frage ihn, ob sie **sich** auch ein Handy **kauft**.

⑧ Ich weiß, dass **sich** ihr Vater ein Handy **kauft**.

28 ●再帰代名詞②
冬には私はよく風邪をひく。

IM WINTER <u>ERKÄLTE</u> <u>ICH</u> <u>MICH</u> OFT.
                V   **S** **RP**

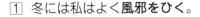

🔊 30

① 冬には私はよく**風邪をひく**。

② 私は新しい同僚に**自己紹介**した。

③ 彼らはこの騒音に**慣れる**でしょう。

④ 昨日彼女は電車を**乗り違えた**。

⑤ 彼は今日 10 分**遅刻した**。

⑥ 私にはその場面が容易に**想像**できる。

⑦ パウルは 11 時に**寝る**。

⑧ 私たちはその映画について**楽しく語り合った**。

―――\補足メモ/――――
① 人称代名詞の主語は再帰代名詞より前に置きます。
② 一般的には動詞か助動詞の直後です。
③ 「sich ＋ an4 格＋ gewöhnen」で「…に慣れる」。

📗 文法をおさえよう

主語 + 他動詞 + 再帰代名詞

☆よく使われる再帰代名詞と前置詞を伴った熟語的表現について、ここでまとめておきましょう。

1. Im Winter **erkälte** ich **mich** oft.

2. Ich **habe mich** den neuen Kollegen **vorgestellt**.

3. Sie werden **sich** an diesen Lärm **gewöhnen**.

4. Gestern **hat** sie **sich verfahren**.

5. Er **hat sich** heute 10 Minuten **verspätet**.

6. Ich **kann mir** die Szene leicht **vorstellen**.

7. Paul **legt sich** um 11 Uhr ins Bett.

8. Wir **haben uns** über den Film **unterhalten**.

6 sich が3格の場合は「想像する」になります。

7 「sich + ins Bett + legen」で「ベッドに入る」。

8 「sich + über 4格 + unterhalten」で「…について歓談する」。

Part 3 語順の知識を深めよう (99)

29 ●枠構造（話法の助動詞）
ここでタバコを吸っては ならない。

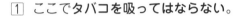

HIER <u>DARF</u> <u>MAN</u> NICHT <u>RAUCHEN</u>.
     MV **S**   **INF**

🔊 31

1 ここでタバコを吸ってはならない。

2 彼女は流暢にドイツ語を話すことができる。

3 彼の言う通りかもしれない。

4 明日私は5時に起きなければならない。

5 彼女は重病だそうだ。

6 私は明日彼女を病院に見舞うつもりだ。

7 私は車を修理してもらう。

8 彼女は子供たちが庭で遊んでいるのを見ている。

―\ 補足メモ /―

3 Recht「正当性」＋ haben「持つ」で「言い分が正しい」となります。

7 使役動詞 lassen も不定詞を文末に置いて枠構造を作ります。

8 知覚動詞 sehen も枠構造を作ります。

📀 文法をおさえよう

主語 + [話法の助動詞+〜+不定詞 〈文末〉]

☆話法の助動詞はすでに出てきていますが、ここで特に枠構造についてまとめておきましょう。[話法の助動詞+〜+不定詞 〈文末〉] という構造を作ります。

1　Hier **darf** man **nicht rauchen**.

2　Sie **kann** fließend Deutsch **sprechen**.

3　Er **mag Recht haben**.

4　Morgen **muss** ich um 5 Uhr **aufstehen**.

5　Sie **soll** schwer krank **sein**.

6　Morgen **will** ich sie im Krankenhaus **besuchen**.

7　Ich **lasse** meinen Wagen **reparieren**.

8　Sie **sieht** die Kinder im Garten **spielen**.

様々な枠構造と nicht の位置

私は君を決して忘れない。

ICH WERDE DICH NIE VERGESSEN.
S   HV   INF

◀)) 32

① 私は君を決して**忘れない**。

② あなたのためなら私は何でも**する**。

③ 食後に私たちは**散歩をする**つもりです。

④ おまえはすぐに**寝なさい**。

⑤ もう**行きなさい**。

⑥ 彼女はたぶん病気**なのだろう**。

⑦ 午後には天気はまたよく**なるでしょう**。

⑧ コンサートはどれだけ**かかるでしょう**か？

＼補足メモ／
　⑦ wird は未来の助動詞、文末の werden は本動詞です。

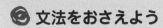

② 文法をおさえよう

主語 ＋［**未来の助動詞＋～＋不定詞〈文末〉**］

☆枠構造自体は「**werden** の現在人称変化＋～＋不定詞〈文末〉」という単純な構造ですが、意味に注意が必要です。3人称が主語のときは《推量》を表しますが（⑥～⑧）、1人称が主語のときは《意志》を（①～③）、また2人称のときは《命令》を表します（④、⑤）。

---

① Ich **werde** dich **nie vergessen**.

---

② Für Sie **werde** ich alles **tun**.

---

③ Nach dem Essen **werden** wir **spazieren gehen**.

---

④ Du **wirst** sofort **ins Bett gehen**!

---

⑤ Du **wirst** jetzt **gehen**.

---

⑥ Sie **wird** wohl krank **sein**.

---

⑦ Am Nachmittag **wird** das Wetter wieder gut **werden**.

---

⑧ Wie lange **wird** das Konzert **dauern**?

様々な枠構造と nicht の位置

●枠構造（完了形）

私はもう宿題を
やってしまった。

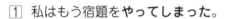

🔊 33

① 私はもう宿題を**やってしまった**。

---

② あなたはドイツへ**行ったことがあります**か？

---

③ クラーラはミュンヘンの大学で 4 学期間**学**んだ。

---

④ 彼は時々私の所に**立ち寄**った。

---

⑤ 私の言うことが**分かりました**か？

---

⑥ 昨晩私は**テレビを見ました**。

---

⑦ 当時私のおじはすでに**亡くなっていた**。

---

⑧ 私が駅に着いた時、列車はもう**出発してしまっていた**。

補足メモ

⑦ war... gestorben は過去完了です。
⑧ war... abgefahren は過去完了です。

◎ 文法をおさえよう

主語 + [**完了の助動詞** (haben／sein) + 〜 + **過去分詞** 〈文末〉]

☆完了の助動詞の使い分け
haben 支配：すべての他動詞と大部分の自動詞
sein 支配：①場所の移動を表す自動詞
②状態の変化を表す自動詞
③その他（**sein**、**bleiben**、**begegnen** など）

---

① Ich **habe** schon meine Hausaufgaben **gemacht**.

② **Sind** Sie schon einmal in Deutschland **gewesen**?

③ Klara **hat** vier Semester in München **studiert**.

④ Er **ist** manchmal bei mir **vorbeigekommen**.

⑤ **Haben** Sie mich **verstanden**?

⑥ Gestern Abend **habe** ich **ferngesehen**.

⑦ Damals **war** mein Onkel schon **gestorben**.

⑧ Als ich am Bahnhof ankam, **war** der Zug schon **abgefahren**.

様々な枠構造と nicht の位置

その曲は彼によって
ダウンロードされた。

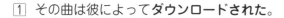

DAS LIED WURDE VON IHM DOWNGELOADET.
S   HV   PART Ⅱ

🔊 34

1. その曲は彼によって**ダウンロードされた**。

2. 彼女は彼に**愛された**。

3. 橋が嵐に**破壊される**。

4. 教授は助手に**手伝ってもらう**。

5. その店は 10 時から 20 時まで**開いている**。

6. 窓が**閉まっている**。

7. シュミット氏は明日**手術されるだろう**。

8. 彼は援助に対し彼女に**礼を言われた**。

—\補足メモ/————————————

1. 「〜によって」は von ＋ 3 格で表されます。
3. 《手段》や《原因》は durch ＋ 4 格で表されます。
4. 4 格の目的語をとらない自動詞の受動では、文頭を他の成分で埋めるか形式上の主語とし

◉ 文法をおさえよう

主語 ＋ ［**受動の助動詞** (werden) ＋〜＋**過去分詞** 〈文末〉］

☆受動文の時制
- ①現在 **:werden** ＋過去分詞（①、③、④）
- ②過去 **:werden** の過去＋過去分詞（②、⑧）
- ③未来：未来の助動詞 **werden** ＋過去分詞＋ **werden** 〈文末〉（⑦）
- ④現在完了 **:sein** ＋過去分詞＋ **worden** 〈文末〉（②）

---

① Das Lied **wurde** von ihm **downgeloadet**.

② Sie **wurde** von ihm **geliebt**. ／
　 Sie **ist** von ihm **geliebt worden**.

③ Die Brücke **wird** durch den Sturm **zerstört**.

④ Dem Professor **wird** vom Assistenten **geholfen**. ／
　 Es **wird** dem Professor vom Assistenten **geholfen**.

⑤ Das Geschäft **ist** von 10 bis 20 Uhr **geöffnet**.

⑥ Das Fenster **ist geschlossen**.

⑦ Herr Schmidt **wird** morgen **operiert werden**.

⑧ Ihm **wurde** von ihr für seine Hilfe **gedankt**.

様々な枠構造と nicht の位置

て es を用います（④、⑧）。
⑤ 動作の結果「…されてある」という状態を表すものを状態受動と呼びます。sein ＋他動詞の過去分詞 〈文末〉（⑤、⑥）。

私は京都で乗りかえる。

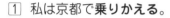

<u>ICH</u> <u>STEIGE</u> IN KYOTO <u>UM</u>.
 S   **V**   **PRÄFIX**

🔊 35

1 私は京都で**乗りかえる**。

2 あなたも京都で**乗りかえますか**？

3 京都で**乗りかえて**ください！

4 誰をパーティーに**招待しますか**？

5 いつミュンヘンに**到着しますか**？

6 どこで**下車しましたか**？

7 私はフランクフルトで**下車します**。

8 私はフランクフルトで**下車しました**。

——\ 補足メモ /——
8 分離動詞の過去分詞は「前つづり＋基礎動詞の過去分詞」になります。

◎ 文法をおさえよう

主語 ＋［動詞＋～＋前つづり〈文末〉］

☆分離動詞の前つづりは常にアクセントを持ち、主文においては分離して文末に置かれます。しかし副文の中では前つづりと基礎動詞は分離しません。

⇒ **Er weiß, dass ich in Kyoto umsteige.**
（私が京都で乗りかえることを、彼は知っています。）

① Ich **steige** in Kyoto **um**.

② **Steigen** Sie auch in Kyoto **um**?

③ **Steigen** Sie in Kyoto **um**!

④ Wen **laden** Sie zur Party **ein**?

⑤ Wann **kommen** Sie in München **an**?

⑥ Wo **stiegen** Sie **aus**?

⑦ Ich **steige** in Frankfurt **aus**.

⑧ Ich **bin** in Frankfurt **ausgestiegen**.

様々な枠構造と nicht の位置

34 ● nicht
彼は今日来ない。

ER KOMMT HEUTE **NICHT**.
S　　V

① 彼は今日来ない。

② 彼は今日は来ない。

③ **すべての学生が来るわけではない。**

④ 彼は**出発するつもりはない。**

⑤ 彼は今日**来なかった。**

⑥ 彼は**出発しない。**

⑦ 彼は**ケルン**に住んでいない。

⑧ 彼女は**ピアノ**を弾か**ない。**

補足メモ

⑦ in Köln は不可欠な状況語なので文末に置かれます。

⑧ Klavier が分離の前つづりを意識させる熟語的な表現なので文末に置かれます。

⊙ 文法をおさえよう

主語 ＋ 動詞 ＋ nicht ＋〜 または 主語 ＋ 動詞 ＋ 〜＋ nicht

☆全文否定（動詞の内容を打ち消す）は nicht を文末に（①）、また部分否定は nicht を打ち消す語の前に置く（②、③）のが原則です。ただし枠構造になっている場合は、nicht は文末より１つ手前に置かれます。

① Er kommt **heute nicht**.

② Er kommt **nicht heute**.

③ **Nicht alle** Studenten kommen.

④ Er **will nicht** abfahren.

⑤ Er **ist** heute **nicht gekommen**.

⑥ Er **fährt nicht ab**.

⑦ Er wohnt **nicht in Köln**.

⑧ Sie spielt **nicht Klavier**.

35 飛行機はいつ出発しますか？

<u>WANN</u> <u>FLIEGT</u> <u>DIE</u> <u>MASCHINE</u> AB?
FW　　**V**　　　　**S**

🔊 37

1 飛行機はいつ出発しますか？

---

2 あなたはその映画を**どう**思いますか？

---

3 **どちらから**来られましたか？

---

4 テーブルは**どこに**置きましょうか？

---

5 ベルリンの人口は**何人**くらいですか？

---

6 彼は彼女に**何度**電話をしたのですか？

---

7 君の身長は**どれくらい**ですか？

---

8 ここには**どれくらい**滞在されますか？

＼補足メモ／

5 複数 1・4 格の前では wie viele も可能です。

◎ 文法をおさえよう

疑問詞 + 動詞 + 主語

☆疑問詞は疑問文の文頭に置かれます。2番目の位置には動詞が来ます。

Wo...?	どこ〜?
Was...?	何〜?
Wann...?	いつ〜?
Wer...?	誰〜?
Wie...?	どのように〜?／どんな〜?

1. **Wann** fliegt die Maschine ab?

2. **Wie** finden Sie den Film?

3. **Woher** kommen Sie?

4. **Wohin** soll ich den Tisch stellen?

5. **Wie viel** Einwohner hat Berlin?

6. **Wie oft** hat er sie angerufen?

7. **Wie groß** bist du?

8. **Wie lange** bleiben Sie hier?

疑問詞と代名詞類

36 ●疑問代名詞
これは誰の車ですか？

<u>WESSEN</u> AUTO <u>IST</u> <u>DAS</u>?
    IP   V S

◀） 38

1 あれは**誰**ですか？

2 これは**誰の**車ですか？

3 この自転車は**誰の**ですか？

4 **誰を**彼は愛していますか？

5 これは**何**ですか？

6 君は**何を**買うの？

7 あなたは**何を**使って大学に行きますか？

8 君は**何を**待っているの？

―――＼補足メモ／―――
7・8 前置詞と疑問代名詞 was の融合形です。

◎ 文法をおさえよう

疑問代名詞 + 動詞 + 主語

☆疑問代名詞も文頭に置かれます。動詞はこの場合も2番目です。

	1格	2格	3格	4格
人に対して「誰」	wer	wessen	wem	wen
ものに対して「何」	was	—	—	was

1 **Wer** ist das?

2 **Wessen** Auto ist das?

3 **Wem** gehört das Fahrrad?

4 **Wen** liebt er?

5 **Was** ist das?

6 **Was** kaufst du?

7 **Womit** fahren Sie zur Uni?

8 **Worauf** wartest du?

疑問詞と代名詞類

37 ●不定代名詞
誰かがドアをノックしている。

JEMAND KLOPFT AN DIE TÜR.
　　ID　　　V

1 それは（人は）ドイツ語で何と言いますか？

---

2 **誰か**がドアをノックしている。

---

3 私は**誰とも**会いたくない。

---

4 **何か**食べ物はあるかい？

---

5 彼は**何も**言わなかった。

---

6 **誰も**彼の言うことを信じないだろう。

---

7 われわれは**みんな**くたくたに疲れていた。

---

8 **万事**オーケーだ！

＼補足メモ／

1 man は人称代名詞と同じ扱いで、文頭または動詞の直後に置かれます。

7 wir と同格で名詞的に用いられた場合です。wir alle も可能です。

❷ 文法をおさえよう

不定代名詞 + 動詞

☆不定代名詞の位置は普通の名詞と同じです。**man**のみ注意が必要です(⊡)。

⊡ Wie sagt **man** das auf Deutsch?

② **Jemand** klopft an die Tür.

③ Ich möchte **niemand** sehen.

④ Hast du **etwas** zu essen?

⑤ Er hat **nichts** gesagt.

⑥ **Keiner** wird ihm glauben.

⑦ Wir waren **alle** völlig erschöpft.

⑧ **Alles** in Ordnung!

疑問詞とその名詞類

38

● es の用法① （非人称の主語）

雨が降る。

Es <u>REGNET.</u>
S   V

 40

1 雨が降る。

---

2 寒い。

---

3 私は寒い。

---

4 ご機嫌いかがですか？

---

5 ここにはたくさんの大学が**ある**。

---

6 君次第だ。

---

7 その子のことが**問題だ**。

---

8 これはお金の**問題ではない**。

＼補足メモ／

2 sein も天候・日時を表す文では非人称的に扱われます。

3 es は文頭以外では省略されます（→ Mich friert.）。

es＋ 動詞 ＋ ～

☆ **es** は文頭または動詞の直後に置かれます。④～⑧はよく用いられる非人称熟語です。

① **Es regnet**.

② **Es ist kalt**.

③ **Es friert mich**.

④ **Wie geht es Ihnen**?

⑤ Hier **gibt es** viele Universitäten.

⑥ **Es kommt auf** dich **an**.

⑦ **Es handelt sich um** das Kind.

⑧ **Es geht** hier **nicht um** Geld.

疑問詞と代名詞類

39

● es の用法② （相関詞その他）

あなたが来てくださって、うれしい。

Es <u>FREUT</u> MICH, DASS SIE KOMMEN.
 S　　V

🔊 41

① ドアをノックする**音がする**。

─────────────────────

② コーヒーの**においがする**。

─────────────────────

③ 昨晩大きな**事故があった**。

─────────────────────

④ 私は**急いでいる**。

─────────────────────

⑤ 私の父は会社員で、私も**そう**です。

─────────────────────

⑥ 鍵を見つけたのは、**フェーリクス**だ。

─────────────────────

⑦ あなたが来てくださって、**うれしい**。

─────────────────────

⑧ はじめまして（お知合いになれて**うれしいです**）。

───\ 補足メモ /───
　③ 実際の主語は ein schwerer Unfall です。
　⑤ es は Angestellter を受けています。

❷ 文法をおさえよう
es+ 動詞 + ～　または　主語 + 動詞 +es+ ～

☆普通の動詞が非人称的に用いられた場合 es は文頭か動詞の直後です（①、②）。
☆仮の主語として用いられた場合 es は必ず文頭に置かれます（③）。
☆形式的な目的語として用いられた場合と代用語として述語内容語を受ける es は動詞の直後です（④、⑤）。
☆後に続く関係文を指す es は文頭か動詞の直後です（⑥）。
☆相関詞として副文や zu 不定詞句を指す es は文頭か動詞の直後です（⑦、⑧）。

① **Es klopft** an die Tür.

② **Es riecht nach** Kaffee.

③ **Es passierte** gestern Abend ein schwerer Unfall.

④ Ich **habe es eilig**.

⑤ Mein Vater ist Angestellter und ich bin **es** auch.

⑥ **Es ist Felix**, der den Schlüssel gefunden hat.

⑦ **Es freut mich**, dass Sie kommen.

⑧ **Es freut mich**, Sie kennenzulernen.

Part 4

数詞と数に関する
様々な表現

●基数・分数・その他

彼は１年半ドイツで勉強する。

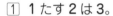

ER STUDIERT EINEINHALB JAHRE IN DEUTSCHLAND.
 S **V**   **BZ**

 42

① １たす２は３。

② 私は**半年間**ミュンヘンにいた。

③ 私は金額の**半分**を支払った。

④ 彼は１**年半**ドイツで勉強する。

⑤ 彼女は１**時間半**彼を待った。

⑥ 彼女はもう３**回**ドイツへ行った。

⑦ ベルを３**度**鳴らしてください。

⑧ 分かち合えば、喜びは２**倍**になる。

───＼補足メモ／───────────────
③ ２分の１を表す名詞は Hälfte です。
④ １と２分の１は eineinhalb または anderthalb といいます。
⑥ 反復数は「基数＋ -mal」です。

🔵 文法をおさえよう

主語 + 動詞 + **基数／分数**（+ 名詞）

☆この課では基数、分数の他に倍数と反復数の使い方を練習します。

---

1. **Eins** und **zwei** ist **drei**.

2. Ich war **ein halbes Jahr** in München.

3. Ich habe **die Hälfte** des Betrags bezahlt.

4. Er studiert **eineinhalb Jahre** in Deutschland.

5. Sie hat **anderthalb Stunden** auf ihn gewartet.

6. Sie war schon **dreimal** in Deutschland.

7. Bitte **dreimal** läuten!

8. Geteilte Freude ist **doppelte** Freude.

---

8 倍数の zweifach の代わりによく doppelt が用いられます。

41 私は 10 月 15 日に 生まれました。

ICH BIN AM 15. OKTOBER GEBOREN.
S V   OZ

🔊 43

1 今日は 5 月 5 日です。

2 今日は**何日**ですか？

3 今日は 12 月 24 日です。

4 誕生日は 10 月 15 日です。

5 私は 10 月 15 日に生まれました。

6 彼らは 5 階に住んでいる。

7 これが私たちの 2 番目の子供です。

8 私は 2 等車で行く。

\補足メモ/

2 順番をたずねるときは形容詞 wievielt を用います。

6 階はふつう日本でいう 2 階から数え始めるので、der 4. Stock は、日本では 5 階にあたります。

● 文法をおさえよう

主語＋動詞＋**序数＋名詞**

☆序数の作り方

19までは「基数＋ **-t**」、20以上は「基数＋ **-st**」が基本。ふつう付加語として用いられ、形容詞の語尾変化をするので注意が必要です。書くときは、数字とピリオドで表します。

---

① Heute ist **der 5.** Mai.

* 5.（fünft）

② **Den Wievielten** haben wir heute?

③ Heute haben wir **den 24.** Dezember.

* 24.（vierundzwanzigst）

④ Am **15.** Oktober habe ich Geburtstag.

* 15.（fünfzehnt）

⑤ Ich bin am **15.** Oktober geboren.

⑥ Sie wohnen im **4. Stock**.

* 4.（viert）

⑦ Das ist unser **zweites** Kind.

⑧ Ich fahre **zweiter Klasse**.

数詞

42

●時刻表現

6 時 5 分です

🔊 44

1 いま何時ですか？ —6 時 5 分です。

2 7 時 15 分に私はシャワーを浴びる。

3 7 時 30 分に朝食を食べる。

4 8 時に大学へ行く。

5 12 時に学食で昼食を食べる。

6 7 時 45 分ごろ帰宅する。

7 11 時 35 分に就寝する。

8 ミュンヘン行きの列車は 15 時 23 分に発車します。

\ 補足メモ /

1 「いま何時ですか？」は、Wie viel Uhr ist es? や Wie viel Uhr haben wir jetzt? と言うことができます。nach は「〜過ぎ」、「〜前」は vor です。

2 15 分のかわりに 4 分の 1 を意味する Viertel がよく用いられます。「〜時に」には um、「〜

文法をおさえよう

Es+ist+ 基数 +Uhr

☆公共の場での時刻表示には 24 時間制を用い（⑧）、日常の話し言葉では 12 時間制が一般的です。

---

① Wie spät ist es? —Es ist **6 Uhr 5 [5 nach 6]**.

---

② Um **Viertel nach sieben** dusche ich mich.

---

③ Um **halb acht** frühstücke ich.

---

④ Um **acht Uhr** gehe ich zur Uni.

---

⑤ Um **zwölf Uhr** esse ich in der Mensa zu Mittag.

---

⑥ Gegen **Viertel vor acht** gehe ich nach Haus.

---

⑦ Um **fünf nach halb zwölf** lege ich mich ins Bett.

---

⑧ Der Zug nach München fährt um **15. 23 Uhr** ab.

時ごろ」は gegen です。

③ halb acht とは 8 時に向かって 2 分の 1 時間という意味です。

⑧ fünfzehn Uhr dreiundzwanzig と読みます。

数に関する様々な表現

43
私は 19 歳です。

ICH BIN 19 JAHRE ALT.
S V ZW N

🔊 45

1 私は 19 歳です。

2 私の電話番号は 090 1234 5678 です。

3 この本は 10 ユーロです。

4 このボールペンは 2 ユーロ 30（セント）です。

5 私は 2003 年 9 月 20 日に東京で生まれました。

6 そのジャズバンドは 2011 年に結成された。

7 **先週の今日**、私は彼に出会った。

8 彼は 1 日**おきに**やって来る。

――\ 補足メモ /――

4 zwei Euro dreißig [Cent] と読みます。
5 20. は zwanzigsten, 2003 は zweitausenddrei と読みます。
6 zweitausendelf と読みます。

主語 + 動詞 + **数詞** + **名詞／形容詞**など

☆西暦は 1999 年までは基数と同じ読み方で（⑤）、2001 年以降は⑥のように読みます。

⬜1 Ich bin **19 Jahre alt**.

⬜2 Meine Telefonnummer ist **090 1234 5678**.

⬜3 Das Buch kostet **10 Euro**.

⬜4 Der Kuli kostet **2, 30 Euro**.

⬜5 Ich bin am **20. September 2003** in Tokio geboren.

⬜6 Die Jazzband wurde **(im Jahre) 2011** gegründet.

⬜7 **Heute vor einer Woche** habe ich ihn getroffen.

⬜8 Er kommt **jeden zweiten Tag**.

数に関する様々な表現

Part**5**

形容詞を
使った表現

44 ●形容詞の強変化
私はドイツの白ワインを飲む。

ICH TRINKE DEUTSCHEN WEIẞWEIN.
 S   V   ADJ   N

◀)) 46

1. 私は**ドイツの白ワイン**を飲む。

---

2. 彼女は**赤いワイン**を飲むのが好きです。

---

3. 彼らは**白ワイン**を飲み、**新鮮な魚**を食べる。

---

4. 子供たちは**冷たいコーラ**が好きです。

---

5. 私は**楽しい映画**を見るのが好きです。

---

6. 彼女は**クラシック音楽**を聴くのが好きです。

---

7. 私は**小型の車**が好きです。

---

8. 私は**長い髪の男性**が素敵だと思います。

＼ 補足メモ ／

1 白ワインを名詞1語で表現すると Weißwein となり、形容詞＋名詞で表現すれば weißer Wein となります。

2 1 と同様で、名詞1語では Rotwein となります。

② 文法をおさえよう

主語 + 動詞 + **形容詞** + **名詞**

☆「形容詞＋名詞」の場合で、形容詞には定冠詞類と同じ語尾がつきます。

1 Ich trinke **deutschen Weißwein**.

2 Sie trinkt gern **roten Wein**.

3 Sie trinken **weißen Wein** und essen **frische Fische**.

4 Die Kinder trinken gern **kalte Cola**.

5 Ich sehe gern **lustige Filme**.

6 Sie hört gern **klassische Musik**.

7 Ich mag **kleine Autos**.

8 Ich finde Männer mit **langen Haaren** prima.

7 mögen は他動詞として用いられると「〜が好きだ」の意味になります。

●形容詞の弱変化

私はこの白い犬を買う。

<u>ICH</u> <u>KAUFE</u> <u>DIESEN</u> <u>WEISSEN</u> <u>HUND</u>.

S　　V　　　BA　　　ADJ　　　N

🔊 47

① 私はこの白い犬を買う。

---

② 彼女は**その赤いスカートと白い靴**を買う。

---

③ **その赤いシャツ**を私のボーイフレンドは気に入っている。

---

④ **その長い川**がドイツとフランスの国境になっている。

---

⑤ **この貧しい男**の友人は、とても裕福だ。

---

⑥ **この新車**は私の友人のものだ。

---

⑦ **この白い帽子**は彼女にぴったりだ。

---

⑧ **この赤い靴**は高すぎる。

補足メモ

③ gefallen は「〜（3格）の気に入る」という独特の構造を作ります。
④ ドイツ人が「父なる川（Vater Rhein）」と呼ぶライン川のことです。

● 文法をおさえよう

主語 + 動詞 + **定冠詞（類）+ 形容詞 + 名詞**

☆「定冠詞（類）+ 形容詞 + 名詞」の場合で、形容詞は男性 1 格、女性 1・4 格、中性 1・4 格の 5 箇所で **-e** となる以外はすべて **-en** という語尾になります。

① Ich kaufe **diesen weißen Hund**.

② Sie kauft **den roten Rock und die weißen Schuhe**.

③ **Das rote Hemd** gefällt meinem Freund.

④ **Der lange Fluss** bildet die Grenze zwischen Deutschland und Frankreich.

⑤ Der Freund **des armen Mannes** ist sehr reich.

⑥ **Das neue Auto** gehört meinem Freund.

⑦ **Der weiße Hut** passt ihr.

⑧ **Diese roten Schuhe** sind zu teuer.

形容詞の格変化

46 私たちは彼の新車で ドライブする。

<u>WIR</u> <u>MACHEN</u> MIT <u>SEINEM</u> <u>NEUEN</u> <u>AUTO</u> EINE SPAZIERFAHRT.
　S　　V　　　　UA　　ADJ　　N

🔊 48

1 私たちは**彼の新車**でドライブする。

---

2 彼らは**楽しいハイキング**をした。

---

3 **ある有名な俳優**がこの町に住んでいる。

---

4 たくさんの花が**彼の大きな庭**に咲いている。

---

5 この山脈が**自然の国境**になっている。

---

6 それは**悪くないアイデア**だ。

---

7 これは**環境に優しい車**です。

---

8 彼女は**古いきれいな町**に住んでいる。

＼補足メモ／

3 冠詞に語尾がないので形容詞に強変化の語尾がつきます。7も同様です。

② 文法をおさえよう

主語 + 動詞 + **不定冠詞（類）+ 形容詞 + 名詞**

☆「不定冠詞（類）+形容詞+名詞」の場合で、形容詞は男性1格で **-er**、女性1・4格で **-e**、中性1・4格で **-es** となる以外は **-en** という語尾になります。

[1] Wir machen mit **seinem neuen Auto** eine Spazierfahrt.

[2] Sie haben **eine lustige Wanderung** gemacht.

[3] **Ein berühmter Schauspieler** wohnt in der Stadt.

[4] Viele Blumen blühen in **seinem großen Garten**.

[5] Das Gebirge bildet **eine natürliche Grenze**.

[6] Das ist **keine schlechte Idee**.

[7] Das ist **ein umweltfreundliches Auto**.

[8] Sie wohnt in **einer alten und schönen Stadt**.

47 ●形容詞の名詞的用法

その病人は私のおじです。

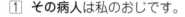
DER KRANKE IST MEIN ONKEL.

A ADJ+ 格変化語尾

🔊 49

① その病人は私のおじです。

② 1人の貧しい男が、ベンチに座っています。

③ 彼はドイツ人だが、彼の妻はドイツ人ではない。

④ そのお年寄りは、孤独です。

⑤ 1人の見知らぬ女性が、私に道をたずねる。

⑥ 何か面白いことが新聞に載っていますか？

⑦ 新しいものが、いつも一番いいものであるとは限らない。

⑧ 彼は私に、いつも何かいいものを持ってきてくれる。

――\補足メモ/――――
⑥ このタイプの語尾は -es になります。

🟢 文法をおさえよう

（冠詞）＋ 形容詞 ＋ 格変化語尾

☆この変化は、形容詞の次に名詞が省略されていると考えるとわかりやすいです。

☆ **etwas** や **nichts** などと共に、中性の形でもよく用いられます（⑥、⑧）。

---

① **Der Kranke** ist mein Onkel.

② **Ein Armer** sitzt auf der Bank.

③ Er ist **Deutscher**, aber seine Frau ist keine **Deutsche**.

④ **Der Alte** ist einsam.

⑤ **Eine Fremde** fragt mich nach dem Weg.

⑥ Steht **etwas Interessantes** in der Zeitung?

⑦ **Das Neue** ist nicht immer **das Beste**.

⑧ Er bringt mir immer **etwas Schönes**.

形容詞の格変化

48

●形容詞の比較の用法（原級と比較級）

兄は父より背が高い。

MEIN BRUDER IST <u>GRÖSS**ER**</u> ALS MEIN VATER.

ADJ+ 比較変化語尾 **-ER**

① 私は母と同じ背丈だ。

② 彼は私ほど年をとってはいない。

③ 君の住居は私の住居の倍の大きさだ。

④ 兄は父より背が高い。

⑤ エマはノアよりずっと勤勉だ。

⑥ 日がだんだん長くなる。

⑦ 彼女は飲めば飲むほど愉快になった。

⑧ もっと安い車を私は探している。

──\ 補足メモ /──

③「so ＋原級＋ wie」で「～と同じくらい……」。
④「比較級＋ als」で「～より……」。
⑤ viel は強調の副詞です。⑧の noch も同様です。

● 文法をおさえよう

（冠詞類）＋ 形容詞 ＋ **(比較変化語尾 -er)** ＋（格変化語尾）

☆比較級は原級に **-er** をつけます。1 音節の形容詞は **a**、**o**、**u** がよく変音します。

---

[1] Ich bin **so groß wie** meine Mutter.

[2] Er ist **nicht so alt wie** ich.

[3] Deine Wohnung ist **doppelt so groß wie** meine.

[4] Mein Bruder ist **größer als** mein Vater.

[5] Emma ist **viel fleißiger als** Noah.

[6] Die Tage werden **immer länger**.

[7] **Je mehr** sie trank, **desto[umso] lustiger** wurde sie.

[8] **Ein noch billigeres Auto** suche ich.

---

[6] 「immer ＋比較級」で「ますます〜になる」。

[7] 「je ＋比較級、desto（または umso）＋比較級」で「〜であればあるほど、ますます……」。

[8] billigeres は billig に比較級の語尾 -er と格変化の語尾 -es がついたものです。

49

兄が家族の中で一番背が高い。

MEIN BRUDER IST <u>DER</u> <u>GR**Ö**SSTE</u> IN DER FAMILIE.

A ADJ+ 比較変化語尾 **-ST**+ 格変化語尾

🔊 51

1 兄が家族の中で**一番背が高い**。

2 妹が家族の中で**一番背が低い**。

3 リーナはクラスで**一番勤勉な**学生です。

4 ルイは試験の前が**一番勤勉**です。

5 冬は日が**最も短い**。

6 私は日本酒**より**ビールが**好き**だ、でも**一番好き**なのはワインだ。

7 彼女が**一番美しく**歌う。

8 昨日は**最高の**天気だった。

＼補足メモ／

4 同一人物における性質が一定の条件の下で最高であることを表すときは、必ず am –sten を用います。

ⓒ 文法をおさえよう

冠詞類 + 形容詞 + 比較変化語尾 -st+ 格変化語尾

☆最上級は原級に **-st** をつけます。一音節の形容詞は変音するものが多く、**-t**、**-z** などで終わる場合は **-est** になります。また副詞の最上級は **am –sten** になります。

① Mein Bruder ist **der größte [am größten]** in der Familie.

② Meine Schwester ist **die kleinste [am kleinsten]** in der Familie.

③ Lina ist **die fleißigste** Studentin in der Klasse.

④ Louis ist vor der Prüfung **am fleißigsten**.

⑤ Im Winter sind die Tage **am kürzesten**.

⑥ Ich trinke **lieber** Bier als Reiswein, aber **am liebsten** trinke ich Wein.

⑦ Sie singt **am schönsten**.

⑧ Gestern war **das herrlichste** Wetter.

形容詞の比較

Part **6**

 重要な助動詞の
使い方を学ぼう

50

● dürfen/mögen

窓を開けてもいいですか？

<u>**DARF**</u> <u>ICH</u> DAS FENSTER <u>AUFMACHEN?</u>
MV S V (INF.)

🔊 52

1 窓を**開けてもいいですか**？

2 ここは禁煙です。

3 おそらくそれが最善のこと**だろう**。

4 彼女は病気**かもしれない**。

5 新しい年が多幸で**ありますように**！

6 彼は言いたいことを**言えばいい**。

7 彼女は来年ドイツへ**行きたい**と思っている。

8 何が**食べたい**ですか？

＼補足メモ／
3 dürfte は接続法第 2 式です。
5 möge は接続法第 1 式です。
7 möchte は接続法第 2 式です。

② 文法をおさえよう

主語＋ dürfen/mögen＋ 〜＋不定詞〈文末〉

☆不定詞を文末に置いて枠構造を作ります。単数のみ不規則に変化します
（ich darf、du darfst、er darf/ ich mag、du magst、er mag）。

---

1 **Darf** ich das Fenster **aufmachen**?

---

2 Man **darf** hier **nicht rauchen**.

---

3 Das **dürfte** wohl das Beste **sein**.

---

4 Sie **mag** krank **sein**.

---

5 **Möge** das neue Jahr viel Glück **bringen**!

---

6 Er **mag sagen**, was er will.

---

7 Sie **möchte** nächstes Jahr nach Deutschland **fahren**.

---

8 Was **möchten** Sie essen?

文法の助動詞

51 ● können

彼女はピアノを弾くことができる。

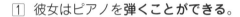

S̲I̲E̲ **KANN** K̲L̲A̲V̲I̲E̲R̲ S̲P̲I̲E̲L̲E̲N̲.
S MV   V (INF.)

🔊 **53**

1 彼女はピアノを弾く**ことができる**。

2 今何時か**教えていただけません**か？

3 もう**行ってもいいです**か？

4 今にも**雨が降りそうだ**。

5 彼女は病気**かもしれない**。

6 今日**映画に行ってもいい**？

7 **手伝って頂けません**か？

8 その小包はなくなってしまったの**かもしれない**。

― \補足メモ/ ―
6 方向を表す副詞句があると不定詞が省略できます。
7 könnten は接続法第 2 式です。
8 verloren gegangen は verloren gehen「なくなる」の過去分詞です。

🟢 文法をおさえよう

主語＋ **können**＋ 〜＋**不定詞**〈文末〉

☆枠構造を作ります。単数のみ不規則に変化します（**ich kann**、**du kannst**、**er kann**）。

① Sie **kann** Klavier **spielen**.

② **Können** Sie mir bitte **sagen**, wie spät es ist?

③ **Kann** ich jetzt **gehen**?

④ Es **kann** jeden Augenblick **regnen**.

⑤ Sie **kann** krank **sein**.

⑥ **Kann** ich heute **ins Kino**?

⑦ **Könnten** Sie mir **helfen**?

⑧ Das Paket **kann** verloren gegangen **sein**.

話法の助動詞

52 ● müssen

私はすぐに家に帰らなければならない。

I̱CH **MUSS** SOFORT NACH HAUSE G̱EHEN.
S　MV　　　　　　　　　　V (INV.)

🔊 54

1 私はすぐに家に帰らなければならない。

2 私たちはみな**笑わずにはいられなかった**。

3 彼が**犯人にちがいない**。

4 彼女は**病気だったにちがいない**。

5 彼女は一晩中**働かねばならなかった**。

6 子供たちは本当ならもう**帰宅しているはず**だ。

7 私は**学校へ行かなければならない**。

8 この城は一度は**ご覧になっておくべき**です。

＼補足メモ／

4 話法の助動詞が完了不定詞（gewesen sein）と結びついた構造です。

5 完了形では不定詞と同じ形の過去分詞を用います。

6 müssten は接続法第2式です。

● 文法をおさえよう

主語＋ müssen＋ ～＋不定詞〈文末〉

☆枠構造を作ります。単数のみ不規則に変化します（ich muss、du musst、er muss）。

① Ich **muss** sofort **nach Hause gehen**.

② Wir alle **mussten lachen**.

③ Er **muss** der Täter **sein**.

④ Sie **muss** krank **gewesen sein**.

⑤ Sie **hat** die ganze Nacht **arbeiten müssen**.

⑥ Die Kinder **müssten** eigentlich schon **zu Hause sein**.

⑦ Ich **muss zur Schule**.

⑧ Dieses Schloss **müssen** Sie sich einmal **angesehen haben**.

話法の助動詞

53 ●sollen
彼女は結婚したそうだ。

$$\underline{\text{SIE}} \textbf{ SOLL } \text{GEHEIRATET } \underline{\text{HABEN.}}$$
S　MV　　　　　　　V (INF.)

🔊 55

1 交通規則を守らなければならない。

2 私は医者になるように言われている。

3 すぐに私の所に来てほしい。

4 彼女は結婚したそうだ。

5 トランクを網棚にのせましょうか？

6 そんなことは決してすべきではない。

7 もし彼にお会いになることがあったら、くれぐれもよろしくお伝えください！

8 彼が本当にそんなことを言ったのだろうか？

＼補足メモ／

4 「うわさの sollen」と呼ばれます。
6 sollte は接続法第 2 式です。
8 「疑惑の sollte」と呼ばれます。

🔵 文法をおさえよう

主語＋ **sollen**＋ 〜＋**不定詞**〈文末〉

☆枠構造を作ります。単数のみ不規則に変化します（**ich soll**、**du sollst**、**er soll**）。**sollen** は第三者の意思を表すので、常に誰の意思が働いているのか注意しなければなりません。

① Man **soll** die Verkehrsregeln **beachten**.

② Ich **soll** Arzt **werden**.

③ Du **sollst** gleich zu mir **kommen**.

④ Sie **soll** geheiratet **haben**.

⑤ **Soll** ich den Koffer ins Gepäcknetz **legen**?

⑥ Das **sollte** man **nie tun**.

⑦ **Sollten** Sie ihn **sehen**, so grüßen Sie ihn recht herzlich von mir!

⑧ **Sollte** er das **gesagt haben**?

54 ● wollen
私は明日彼女を訪ねる つもりだ。

<u>Ich</u> **will** Sie morgen <u>besuchen</u>.
S   MV   V (INV.)

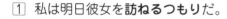

🔊 56

1 私は明日彼女を**訪ねる**つもりだ。

2 コーヒーを1杯**飲みましょうか**？

3 ちょっと**お待ちください**。

4 彼女は彼が一緒に行くことを**望んでいる**。

5 今にも**雨が降りそうだ**。

6 彼は子供を**欲しがっている**。

7 私たちはミュンヘンに行く**つもり**だ。

8 その子供はそれを**見たと言い張る**。

＼補足メモ／

4 他動詞として用いられた例です。6も同様です。

7 方向を表す副詞句があると不定詞は省略できます。

◎ 文法をおさえよう

主語 + **wollen** + ～ + **不定詞〈文末〉**

☆枠構造を作ります。単数のみ不規則に変化します（**ich will**、**du willst**、**er will**）。**wollen** は主語の意思を表します。

1. Ich **will** sie morgen **besuchen**.

2. **Wollen** wir eine Tasse Kaffee **trinken**?

3. **Wollen** Sie bitte einen Augenblick **warten**?

4. Sie **will**, dass er mitfährt.

5. Es **will regnen**.

6. Er **will** ein Kind.

7. Wir **wollen** nach München.

8. Das Kind **will** das **gesehen haben**.

55

《使役》助動詞 lassen

私は車を修理してもらう。

ICH **LASSE** MEIN AUTO <u>REPARIEREN</u>.
S   **HV**   V (**INF.**)

🔊 57

1 彼女は彼を長く待たせた。

2 私は車を**修理してもらう。**

3 彼を**眠らせておけ。**

4 **行きましょう！**

5 彼女はバスの中に傘を**置き忘れた。**

6 **やめなさい！**

7 彼女は**だまされやすい。**

8 彼は彼女に髪を**切ってもらう。**

—＼補足メモ／—————————————————
7 「sich ＋他動詞＋ lassen」で「〜されうる／〜できる」。

158

📀 文法をおさえよう

主語＋ lassen＋ ～＋不定詞〈文末〉

☆特徴は助動詞として用いられる場合 zu のない不定詞と結び、過去分詞が不定詞と同形になることです。

1 Sie **hat** ihn lange **warten lassen**.

2 Ich **lasse** mein Auto **reparieren**.

3 **Lass** ihn **schlafen**!

4 **Lasst uns gehen**!

5 Sie **hat** ihren Regenschirm im Bus **liegen lassen**.

6 **Lass das**!

7 Sie **lässt sich** leicht **täuschen**.

8 Er **lässt sich** die Haare von ihr **schneiden**.

法の助動詞に準じる動詞

56

●知覚動詞 sehen／hören

両親は子供たちがサッカーをしているのを見ている。

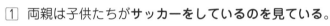
DIE ELTERN **SEHEN** DIE KINDER FUSSBALL <u>SPIELEN</u>.
　　S　　　　V　　　　　　　　　　　V (INF.)

🔊 58

1 両親は子供たちが**サッカーをしているのを見ている**。

---

2 彼女が窓辺で**ピアノを弾いているのが見える**。

---

3 私は彼が**踊っているのを見た**。

---

4 私は彼が**やってくるのが見えた**。

---

5 犬が**吠えるのが聞こえる**。

---

6 犬が**吠えるのを聞いた**。

---

7 私は彼女がドイツリートを**歌っているのを聞いた**。　　　＊過去形

---

8 私は彼女がドイツリートを**歌っているのを聞いた**。　　　＊完了形

＼補足メモ／

1 このタイプの特徴は不定詞の直接の主語が4格で表されることです。

💿 文法をおさえよう

主語＋ sehen/hören＋ 〜＋不定詞〈文末〉

☆他の不定詞と結ぶときは zu を伴いません。
☆完了形における過去分詞は必ずしも不定詞と同形になるとは限りません
（sehen はほとんど不定詞と同形…④。hören は両形とも可能…⑧）。

① Die Eltern **sehen** die Kinder **Fußball spielen**.

② Ich **sehe** sie am Fenster **Klavier spielen**.

③ Ich **sah** ihn **tanzen**.

④ Ich **habe** ihn **kommen sehen**.

⑤ Ich **höre** den Hund **bellen**.

⑥ Ich **hörte** den Hund **bellen**.

⑦ Ich **hörte** sie deutsche Lieder **singen**.

⑧ Ich **habe** sie deutsche Lieder **singen hören[gehört]**.

57 ● helfen / lehren / lernen

彼女は母親が食器を洗うのを手伝う。

SIE **HILFT** IHRER MUTTER <u>ABWASCHEN</u>.
  S   V   V (INF.)

🔊 59

① 彼女は母親が**食器を洗う**のを手伝う。

② 彼女は母親が**食器を洗う**のを手伝った。

③ 彼女は母親が**食器を洗う**のを手伝った。　　　　＊一般的な過去分詞

④ 父は私に**歌うこと**を教える。

⑤ 父は私に**歌うこと**を教えた。　　　　＊不定詞と同形の過去分詞

⑥ 父は私に**歌うこと**を教えた。

⑦ 彼女はドイツ語を**話すこと**を学ぶ。

⑧ 彼女はドイツ語を**話すこと**を学んだ。

――\補足メモ/――

② helfen の過去分詞はほとんど不定詞と同形になります。
⑥ lehren の過去分詞は gelehrt が一般的です。
⑧ lernen の過去分詞は gelernt です。

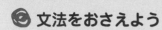

文法をおさえよう

主語＋ **helfen/lehren/lernen**＋ 〜＋**不定詞**〈文末〉

☆他の不定詞と用いられるときは **zu** を伴いません。ただ完了形における過去分詞は不定詞と同形になるとは限りません（③、⑥）。

① Sie **hilft** ihrer Mutter **abwaschen**.

② Sie **hat** ihrer Mutter **abwaschen helfen**.

③ Sie **hat** ihrer Mutter **abwaschen geholfen**.

④ Der Vater **lehrt** mich **singen**.

⑤ Der Vater **hat** mich **singen lehren**.

⑥ Der Vater **hat** mich **singen gelehrt**.

⑦ Sie **lernt** Deutsch **sprechen**.

⑧ Sie **hat** Deutsch **sprechen gelernt**.

話法の助動詞に準じる動詞

Part **7**

少し複雑な文と文の
組み合わせを学ぼう

58

●従属の接続詞による副文①

君が来なかったことに、
彼は腹を立てている。

<u>DASS DU NICHT GEKOMMEN BIST</u>, <u>ÄRGERT IHN</u>.
    NS   **HS**

🔊 60

1. 君が来なかった**ことに**、彼は腹を立てている。

2. 誰も負傷し**なくて**よかった。

3. 君が試験に合格できなかった**のは**、少しも不思議ではない。

4. 君が僕を訪ねようとしてくれている**ことが**、僕はとてもうれしい。

5. 彼が来る**かどうかは**、まったくわからない。

6. 君が来る**ことが**、彼は気に入らない。

7. 彼女がいつも遅く帰宅する**ことを**、両親はほとんど気にかけていない。

8. 君が来**なくて**、悲しい。

＼補足メモ／

7 一般的に従属文が長いときは、es を文頭に置く形の方がよいとされています。書きかえれば Es kümmert die Eltern wenig, dass sie immer spät nach Hause kommt. となります。

● 文法をおさえよう

主文，副文 [**従属の接続詞** + 〜+動詞〈文末〉]

*副文 = 主文の一成分 (主語)

☆副文が主文の主語である場合です。言いかえれば、主語が文の形に拡大された
もの。副文では従属の接続詞と文末に置かれた動詞が、一種の枠構造を形成して
います。

☆修辞的な理由から、**es** を文頭に置いて、副文を後に回す形がよく用いられます（1
〜3）。

1 **Dass** du nicht gekommen bist, ärgert ihn. ／
   Es ärgert ihn, **dass** du nicht gekommen bist.

2 Es ist ein Glück, **dass** sich niemand verletzt hat.

3 Es ist kein Wunder, **dass** du die Prüfung nicht bestanden
   hast.

4 **Dass** du mich besuchen willst, freut mich besonders.

5 **Ob** er kommt, ist völlig ungewiss.

6 **Dass** du kommst, gefällt ihm nicht.

7 **Dass** sie immer spät nach Hause kommt, kümmert
   die Eltern wenig.

8 **Dass** du nicht kommst, macht mich traurig.

従属の複合文

59 彼の目的は、たくさんお金をもうけることだ。

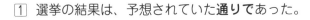

SEIN ZIEL IST, DASS ER VIEL GELD VERDIENT.
　　　HS　　　　　　　**NS**

🔊 **61**

1 選挙の結果は、予想されていた**通り**であった。

---

2 彼は、**まるで**すべてを忘れてしまった**かのように**見える。

---

3 天気は、彼女が予想した**ように**なった。

---

4 私の希望は、娘がウィーンで音楽を学ぶ**こと**である。

---

5 彼女は、あの**通りの**人間だ。

---

6 彼の目的は、たくさんお金をもうける**こと**だ。

---

7 彼女を驚かせたのは、彼がそのことを知らない**こと**だった。

---

8 彼はもう昔の彼**では**ない。

＼補足メモ／

1 vermutet hatte は過去完了です。「haben または sein の過去人称変化＋過去分詞〈文末〉」で表します。3も同様です。

⊘ 文法をおさえよう

主文 , 副文 [**従属の接続詞** + ～+動詞〈文末〉]

*副文 = 主文の一成分（述語内容詞）

☆副文はどこに位置しても、必ず動詞が文末に来ます。

1. Das Wahlergebnis war, **wie** man vermutet hatte.

2. Es scheint, **als ob** er alles vergessen hätte.

3. Das Wetter wurde, **wie** sie es vorausgesagt hatte.

4. Mein Wunsch ist, **dass** meine Tochter in Wien Musik studiert.

5. Sie ist, **wie** sie ist.

6. Sein Ziel ist, **dass** er viel Geld verdient.

7. Was sie wunderte, **dass** er es nicht wusste.

8. Er ist nicht mehr, **was** er war.

従属の接続文

2 als ob「まるで～のように」と接続法第 2 式の組み合わせです。接続法は Part 8 で練習します。

60 この知らせが本当かどうか、誰も知らない。

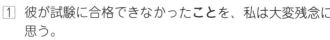

OB DIE NACHRICHT WAHR IST, WEISS NIEMAND.

NS **HS**

🔊 62

1 彼が試験に合格できなかった**こと**を、私は大変残念に思う。

2 彼女は、ドイツの大学で医学を勉強**する**決心をする。

3 彼らは、私たちが直ちに謝る**こと**を要求する。

4 彼女は試験に合格しなかった**こと**を、恥じている。

5 私たちは、まもなく再会する**こと**を望んでいる。

6 彼が私たちを訪ねてくれた**こと**を、私は喜んでいる。

7 この知らせが本当**かどうか**、誰も知らない。

8 もう二度とそんな**こと**はしないと約束しなさい！

―― ＼補足メモ／――――――――――――――――――――――――――――――

3 「auf 3 格＋ bestehen（主張する）」。動詞が決まった前置詞と結びついて、熟語的に用いられた例です。

7 他の例と同じように Niemand weiß, ob die Nachricht wahr ist. とすることもできます。

🌀 文法をおさえよう

主文, 副文 [**従属の接続詞** + ～+動詞〈文末〉]

*副文 = 主文の一成分（動詞の目的語）

☆他動詞の4格目的語が副文で表現されたものと考えることができます。副文は主文の前にも（⑦）、後にも置くことができます。

---

① Ich bedauere sehr, **dass** er die Prüfung nicht bestanden hat.

② Sie entschließt sich, **dass** sie in Deutschland Medizin studiert.

③ Sie bestehen darauf, **dass** wir uns sofort entschuldigen.

④ Sie schämt sich, **dass** sie die Prüfung nicht bestanden hat.

⑤ Wir hoffen, **dass** wir uns bald wiedersehen.

⑥ Ich freue mich, **dass** er uns besucht hat.

⑦ **Ob** die Nachricht wahr ist, weiß niemand.

⑧ Versprich mir, **dass** du das nie wieder tust!

従属の接続文

61

●従属の接続詞による副文④

仕事を終えた後で、彼は
映画を見に行った。

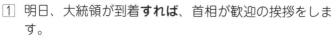
NACHDEM ER DIE ARBEIT BEENDET HATTE, GING ER INS KINO.

| NS | HS |

🔊 63

1. 明日、大統領が到着**すれば**、首相が歓迎の挨拶をします。

2. 仕事を終えた**後**で、彼は映画を見に行った。

3. 彼女は挨拶も**しないで**、私のそばを通り過ぎて行った。

4. 私の見た**ところ**、今年は米は豊作だ。

5. そのランナーは、スタートが悪かった**ので**勝てなかった。

6. もう数回彼女の所に電話した**が**、誰も出なかった。

7. 通りの雑音があまりに大きかった**ので**、私は窓を閉めないわけにはいかなかった。

8. その列車に間に合う**ように**、君たちは急がなくてはならない。

＼補足メモ／

1. 「wird... begrüßt」は受動態です。「werden ＋過去分詞〈文末〉」で表現します。
3. ohne dass... は「～することなしに」という意味です。

🎵 文法をおさえよう

主文 , 副文 [**従属の接続詞** + 〜 + 動詞〈文末〉]

＊副文 ＝ 主文の一成分（状況語）

☆状況語は、いわゆる副詞で時、条件、原因、方法等さまざまなものがあります。副文は前域にも後域にも置くことができます。

---

1. **Wenn** morgen der Präsident ankommt, wird er vom Ministerpräsidenten begrüßt.

2. **Nachdem** er die Arbeit beendet hatte, ging er ins Kino.

3. Sie ging an mir vorbei, **ohne dass** sie mich begrüßte.

4. **Soviel** ich sehe, gibt es dieses Jahr eine gute Reisernte.

5. Der Läufer konnte nicht gewinnen, **weil** er einen schlechten Start hatte.

6. **Obwohl** ich schon einige Male bei ihr angerufen habe, hat sich niemend gemeldet.

7. Der Straßenlärm war **so** groß, **dass** ich die Fenster schließen musste.

8. Ihr müsst euch beeilen, **damit** ihr den Zug noch erreicht.

従属の接続詞

62

●従属の接続詞による副文⑤

彼らはその問題を解決できるという考えです。

SIE SIND DER ANSICHT, DASS SIE DAS PROBLEM LÖSEN KÖNNEN.
　　　　 HS　　　　　　　　　　　　　　　 NS

🔊 64

① 私たちは、景気が徐々に好転する**という**意見です。

② 私は、これが私たちの最初の出会いではない**という**印象を受けた。

③ それは、未だ誰も見たことのない**ような**戦いであった。

④ それが正しい**かどうか**の問題は、活発に議論された。

⑤ 彼はすでに、それは正しくない**という**見解であった。

⑥ 彼女は、**まるで**宝くじを当てたかのように喜んだ。

⑦ 彼らはその問題を解決できる**という**考えです。

⑧ 彼は、それが正しい**かどうか**という彼女の質問に、答えることができなかった。

──＼補足メモ／──

　① der Meinung は２格で、Ich bin der Meinung, dass... で「私は〜の意見です」という決まった表現です。
　⑤ der Ansicht は２格で、①と同じ用法です。⑦も同様です。

(174)

主文 , 副文 [**従属の接続詞** + 〜+動詞〈文末〉]

＊副文 ＝ 主文の一成分（付加語）

☆主文の名詞の内容を、副文で表す用法です。従属の接続詞として **dass**、**wie**、**ob**、**als ob** などが使われます。

---

① Wir sind der Meinung, **dass** sich die Konjunktur allmählich zum Guten wendet.

② Ich hatte den Eindruck, **dass** das nicht unsere erste Begegnung war.

③ Das war ein Kampf, **wie** ihn keiner noch gesehen hat.

④ Die Frage, **ob** das richtig wäre, wurde lebhaft erörtert.

⑤ Er war schon der Ansicht, **dass** das nicht richtig sei.

⑥ Sie hatte eine Freude, **als ob** sie in der Lotterie gewonnen hätte.

⑦ Sie sind der Ansicht, **dass** sie das Problem lösen können.

⑧ Er konnte ihr die Frage, **ob** das richtig ist, nicht beantworten.

従属の接続文

63

●関係代名詞による副文①

これに反対の人は手を挙げなさい。

WER DAGEGEN IST, SOLL DIE HAND HEBEN.
NS   **HS**

 65

1. これに反対の**人は**手を挙げなさい。

2. 心の清い**人は**、すべてを清くみる。

3. 誰にも信用されない**人は**不幸である。

4. 私たちは、愛する**人を**助けたいと思う。

5. 流行している**ものが**、いつも良いものであるとは限らない。

6. 鍵を見つけた**のは**、僕の友人です。

7. 彼が最も重んじている**のは**、正義である。

8. その花瓶を壊した**のは**、私の娘です。

\補足メモ/

2. 不定関係代名詞を用いた関係文の場合は、主文の文頭に指示代名詞がよく置かれます。3.、4.も同様です。

● 文法をおさえよう

主文，副文 [**関係代名詞** + 〜+動詞〈文末〉]

＊副文（関係文）＝主文の一成分（主語）

☆関係文が主文の主語として用いられた場合です。文の主語が関係文に拡大されたと考えることができます。ふつう関係文は文頭に置かれますが、強調構文では **es** が文頭に来ます（6〜8）。

1 **Wer** dagegen ist, soll die Hand heben.

2 **Wessen** Herz rein ist, der sieht alles rein.

3 **Wem** niemand traut, der ist unglücklich.

4 **Wen** wir lieben, dem möchten wir helfen.

5 **Was** in Mode ist, ist nicht immer gut.

6 Es war mein Freund, **der** den Schlüssel gefunden hat.

7 Es ist die Gerechtigkeit, **die** er am meisten schätzt.

8 Es war meine Tochter, **die** die Vase zerbrochen hat.

従属の接続文

64 コロンブスは 1492 年に アメリカを発見した人だ。

<u>KOLUMBUS WAR ES, DER IM JAHRE 1492 AMERIKA ENTDECKTE.</u>

HS   **NS**

🔊 66

1. コロンブスは 1492 年にアメリカを発見した人だ。

---

2. 私をいつも励まし**てくれる**のは、私の友達だ。

---

3. 子供たちは、私をいつも喜ばせ**てくれる**。

---

4. 私の友人には、私はいつも信頼を寄せ**ている**。

---

5. グーテンベルクは印刷術を発明**した人**だ。

---

6. 彼らが私たちの仕事を助けて**くれた人**たちだ。

---

7. あの男がいつもお金を無心**する奴**だ。

---

8. 彼女は君をだま**した女**だ。

＼補足メモ／

1.「1492 年に」は「im Jahr[e] 1492」とするか、数字だけの「1492」のどちらかです。

● 文法をおさえよう

主文 , 副文 [**関係代名詞**＋〜＋動詞〈文末〉]

＊副文（関係文）＝主文の一成分（述語内容詞）

☆関係文を受けるために、主文に形式的に **es** を用います。関係代名詞の性と数は、主語の名詞に一致します。

① Kolumbus war es, **der** im Jahre 1492 Amerika entdeckte.

② Meine Freunde sind es, **die** mich immer ermutigen.

③ Die Kinder sind es, **die** mir immer Freude bereiten.

④ Mien Freund ist es, **dem** ich immer vertraue.

⑤ Gutenberg war es, **der** die Buchdruckerkunst erfunden hat.

⑥ Sie sind es, **die** uns bei der Arbeit geholfen haben.

⑦ Der Mann ist es, **der** mich immer um Geld bittet.

⑧ Es ist sie, **die** dich betrogen hat.

従属の複合文

65

愛する人には、すべてを 与えたいと思う。

<u>WEN MAN LIEBT</u>, <u>DEM MÖCHTE MAN ALLES GEBEN</u>.
NS   **HS**

🔊 67

① お急ぎ**の**方は、私が車で駅までお送りします。

② 愛**する**人には、すべてを与えたいと思う。

③ 私は、一度会っ**た**人は忘れません。

④ 君は、やりたい**こと**をやればいい。

⑤ 彼は、私が君に伝えた**こと**をすべて知っている。

⑥ 一緒に行く**人**を、私たちは歓迎する。

⑦ 君が言う**こと**を、私はいつも信じる。

⑧ あなたを信頼**する**人を、あなたもまた信頼しなさい！

――― \補足メモ/ ―――
② 「möchte ＋不定詞〈文末〉」で「〜したい」というきわめて使用頻度の高い表現です。
④ 話法の助動詞は、単独で用いられることもあります。
⑤ was は不定の代名詞類（etwas, alles, nichts）などをよく先行詞にします。

🅖 文法をおさえよう

主文 , 副文〔**関係代名詞** + 〜+動詞〈文末〉〕

＊副文（関係文）＝主文の一成分（目的語）

☆関係文はよく前置されます。不定関係代名詞の場合は、後続する主文の文頭に指示代名詞を置きます。同格のときと、ともに **was** になるときは省くことができます。

1 **Wer** in Eile ist, den bringe ich mit dem Auto zum Bahnhof.

2 **Wen** man liebt, dem möchte man alles geben.

3 **Wen** ich einmal gesehen habe, vergesse ich nicht.

4 Du kannst machen, **was** du willst.

5 Er weiß alles, **was** ich dir mitgeteilt habe.

6 **Wer** mitkommen will, den begrüßen wir freudig.

7 **Was** du sagst, glaube ich immer.

8 **Wer** Ihnen vertraut, dem vertrauen Sie auch!

従属の接合文

66 ●関係代名詞による副文④

私が買おうと思うものは、何もない。

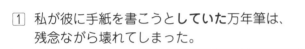

ES GIBT NICHTS, WAS ICH KAUFEN WILL.
　　　　 HS 　　　　　　　　 NS

🔊 68

1 私が彼に手紙を書こうとしていた万年筆は、
　残念ながら壊れてしまった。

---

2 私の生まれた町は、大きな湖に面しています。

---

3 私は、平和のために戦う人々の味方である。

---

4 これが私が彼から聞いたすべてです。

---

5 私が買おうと思うものは、何もない。

---

6 満足できるものは、見つかりましたか？

---

7 これが君が彼女にできる最善のことだ。

---

8 ここは、私たちが1週間泊まっていたホテルです。

＼補足メモ／

2 wo は関係副詞です。関係代名詞を用いれば in der となります。
3 derer は指示代名詞の複数2格で、関係代名詞の先行詞になっています。
6 womit は was が前置詞の mit と結びついた形です。

(182)

主文 , 副文〔**関係代名詞** + 〜＋動詞〈文末〉〕

＊副文 (関係文) ＝ 主文の一成分 (付加語)

☆主文の主語や目的語の直後に置かれた関係文が、その内容を具体的に説明する構文です。

---

① Der Füller, mit **dem** ich ihm schreiben wollte, ist leider kaputt gegangen.

② Die Stadt, **wo** ich geboren bin, liegt an einem großen See.

③ Ich bin ein Freund derer, **die** um den Frieden kämpfen.

④ Das ist alles, **was** ich von ihm gehört habe.

⑤ Es gibt nichts, **was** ich kaufen will.

⑥ Haben Sie etwas gefunden, **womit** Sie zufrieden sind?

⑦ Das ist das Beste, **was** du für sie tun kannst.

⑧ Hier ist das Hotel, in **dem** wir eine Woche gewohnt haben.

従属の複合文

---

⑧ in dem の代わりに wo を用いることもできます。

67

●疑問代名詞や疑問副詞による副文

なぜ彼が会社を辞めたのか、私にはわからない。

<u>WARUM ER BEI DER FIRMA AUFGEHÖRT HAT</u>, <u>IST MIR UNKLAR.</u>
           NS   **HS**

◀)) 69

1. **誰が**それをしたのかということは、重要ではない。

2. **なぜ**彼が会社を辞めたのか、私にはわからない。

3. 彼女が彼を愛している**かどうか**、私にはどうでもいいことだ。

4. 問題は、彼が彼女をまだ愛している**かどうか**ということである。

5. 彼女は、私たちが**いつ**引っ越すのか知らない。

6. 私は、**誰が**それを言ったのか知らない。

7. 母親は担任の先生に、息子の学校での**様子について**たずねた。

8. これが、私がそれ**をした**理由です。

＼補足メモ／

1 間接疑問文を es で受けて、疑問文を後置させることもできます（→ Es ist nicht wichtig, wer das getan hat.）。

◎ 文法をおさえよう

主文, 副文 [**疑問代名詞／疑問副詞** + 〜 + 動詞〈文末〉]

＊間接疑問文 ＝ 主文の主語／述語／目的語／状況語／付加語である場合

☆間接疑問文が、主文のさまざまな成分として用いられた構文です。その役割に応じて、さまざまな疑問詞が使われます。

---

① **Wer** das getan hat, ist nicht wichtig.

② **Warum** er bei der Firma aufgehört hat, ist mir unklar.

③ **Ob** sie ihn liebt, ist mir gleichgültig.

④ Die Frage ist, **ob** er sie noch liebt.

⑤ Sie weiß nicht, **wann** wir umziehen.

⑥ Ich weiß nicht, **wer** das gesagt hat.

⑦ Die Mutter fragte den Klassenlehrer, **wie** ihr Sohn in der Schule ist.

⑧ Das ist die Ursache, **warum** ich das getan habe.

68 ●不定詞による副文の短縮
彼の目的は、お金をたくさん稼ぐことである。

SEIN ZIEL IST, VIEL GELD ZU VERDIENEN.
HS   NS

◀)) 70

1. 彼女は、よい職に**ありつける**ことを望んでいる。

2. 彼らは試合に**負けた**ことを、悔しがっている。

3. 君に**再会できて**、僕はうれしかった。

4. 彼の目的は、お金をたくさん**稼ぐこと**である。

5. 彼の最大の喜びは、近い将来ドイツへ**行くこと**である。

6. 私は母に、仕事を**手伝うこと**を約束した。

7. 「さようなら」も**言わずに**、彼女は部屋を出て行った。

8. この計画を**実現させるためには**、多額の資金が必要である。

＼補足メモ／

7. 「ohne... zu」不定詞は重要な用法で、「～することなしに」の意味です。
8. 「um... zu」不定詞はさらに重要で、「～するために」という意味です。

◎ 文法をおさえよう

主文 , 〜+ zu 不定詞　または　〜+ zu 不定詞 , 主文

☆もとは **dass** に導かれた副文が、zu 不定詞によって短縮された構造です。
たとえば①は、次のように副文に還元できます。
　⇒ **Sie hofft, dass sie eine gute Stelle bekommt.**

① Sie hofft, eine gute Stelle **zu bekommen**.

② Das Spiel **verloren zu haben** ärgert sie.

③ Dich **wiedersehen zu können** machte mich glücklich.

④ Sein Ziel ist, viel Geld zu **verdienen**.

⑤ Seine größte Freude ist, in naher Zukunft nach Deutschland **zu fahren**.

⑥ Ich versprach der Mutter, ihr bei der Arbeit **zu helfen**.

⑦ Sie verließ das Zimmer, **ohne** "Auf Wiedersehen! " **zu sagen**.

⑧ **Um** diesen Plan **verwirklichen zu können**, ist eine große Geldsumme notwendig.

不定詞や分詞による副文の省略

69 ●現在分詞による副文の短縮

走っていけば、まだ列車に間に合う。

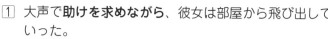

RENNEND SCHAFFEN WIR DEN ZUG NOCH.
NS   **HS**

🔊 71

1. 大声で**助けを求めながら**、彼女は部屋から飛び出していった。

2. 死を**恐れて**、彼は手を引いた。

3. この町に**住ん**でまだ少ししか経たないので、彼女は心細く感じている。

4. **走っていけば**、まだ列車に間に合う。

5. **もう80歳なのに**、彼は今年もまたその競技会に参加する。

6. 母親の声を**聞く**と、その子供はわっと泣き出した。

7. 彼女にイスを**すすめながら**、彼は彼女に話しかけた。

8. **聖火を手に**、彼はスタジアムに現れた。

╲補足メモ╱

5. seiend が省略されています。

8. habend が省略されています。

📖 文法をおさえよう

〜＋**現在分詞**, 主文

☆もとは副文であったものが、現在分詞を用いることによって短縮され、簡潔な構造になります。たとえば①は次のように副文に還元できます。
 ⇒ **Indem sie laut um Hilfe schrie, lief sie aus dem Zimmer.**
現在分詞は動詞の不定詞に **-d** をつけて作ります。（例外 :**seiend**、**tuend**）

---

① Laut **um Hilfe schreiend**, lief sie aus dem Zimmer.

② Den Tod **fürchtend**, zog er sich zurück.

③ Erst seit wenigen Tagen in dieser Stadt **wohnend**, fühlte sie sich einsam.

④ **Rennend** schaffen wir den Zug noch.

⑤ **Obwohl schon 80 Jahre alt**, nimmt er auch dieses Jahr an der Sportveranstaltung teil.

⑥ Die Stimme der Mutter **hörend**, brach das Kind in Tränen aus.

⑦ Ihr einen Stuhl **anbietend**, sprach er sie an.

⑧ **Das Olympische Feuer in der Hand**, erschien er im Stadion.

不定詞や分詞による副文の短縮

Part 7　少し複雑な文と文の組み合わせを学ぼう　(189)

70

●過去分詞による副文の短縮

ベルリンに到着すると、私は友人を訪ねた。

<u>IN BERLIN ANGEKOMMEN</u>, <u>BESUCHTE ICH MEINEN FREUND.</u>
　　　　NS　　　　　　　　　　　**HS**

🔊 72

① ベルリンに**到着すると**、私は友人を訪ねた。

② 雷に**打たれた**ように、彼は床に倒れた。

③ 彼らは**負傷したが**、自由のために戦った。

④ ポケットに手を**突っ込んで**、彼はプラットホームに立っていた。

⑤ その点を**除けば**、彼は将来性のある男だ。

⑥ ただ 1 日を**除けば**、まる 1 ヶ月晴天だった。

⑦ **厳密に言えば**、双方の見解には 1 つだけ相違点がある。

⑧ **疲れ果てていたが**、私たちは旅を続けた。

＼補足メモ／

⑤ 従属の接続詞 wenn に導かれ、man を主語とする副文の短縮であると考えられます。
→ Wenn man davon absieht,（以下同じ）。⑥と⑦も同様です。

● 文法をおさえよう

～+**過去分詞**, 主文

☆過去分詞によっても副文は短縮することができ、より簡潔な構造に変えられます。たとえば①は、次のような副文に還元できます。

⇒ **Nachdem ich in Berlin angekommen war, besuchte ich meinen Freund.**

1 In Berlin **angekommen**, besuchte ich meinen Freund.

2 Wie vom Blitz **getroffen**, stürzte er zu Boden.

3 **Obwohl verwundet**, kämpften sie für die Freiheit.

4 Die Hände in die Taschen **gesteckt**, stand er auf dem Bahnsteig.

5 Davon **abgesehen**, ist er ein vielversprechender Mann.

6 Nur einen Tag **ausgenommen**, haben wir den ganzen Monat schönes Wetter gehabt.

7 **Strenggenommen** gibt es nur einen Unterschied zwischen beiden Auffassungen.

8 **Obgleich** völlig **erschöpft**, setzten wir unsere Reise fort.

不定詞や分詞による副文の省略

Part 8

 接続法を用いて
表現してみよう

71

●要求話法によるもの

1日3錠服用のこと。

> <u>MAN</u> <u>NEHME</u> TÄGLICH DREI TABLETTEN.
> **S** **V (KONJ. I)**

🔊 73

1 ちょっと待ってください！

2 気をつけて**お帰りください**！

3 タクシーに**乗りましょう**！

4 1日3錠**服用のこと**。

5 自由**ばんざい**！

6 **幸いなことに**、誰も負傷しなかった。

7 新しい年が多幸で**ありますように**！

8 線分 AB は 10cm の長さ**とする**。

＼補足メモ／

6 Gott sei Dank! で「やれやれ、ありがたいことに」という決まった表現です。

8 問題文や料理のレシピなどでよく用いられます。

文法をおさえよう

主語 ＋ 動詞 (接続法第 1 式)

☆ 1 人称と 3 人称に対する実現可能な要求・命令・願望などを表します。

1 **Warten Sie** einen Moment!

2 **Kommen Sie** gut nach Hause!

3 **Nehmen wir** ein Taxi!

4 Man **nehme** täglich drei Tabletten.

5 Es **lebe** die Freiheit!

6 Niemand wurde **Gott sei Dank** verletzt.

7 **Möge** das neue Jahr viel Glück bringen!

8 Die Strecke AB **sei** 10cm lang.

72

●間接話法① （平叙文の場合）

彼女はドイツ語を学んでいると言った。

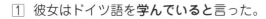

S̲IE SAGTE, <u>SIE</u> <u>LERNE</u> D̲EUTSCH.
S V（KONJ. I）

🔊 **74**

① 彼女はドイツ語を**学んでいる**と言った。

---

② 彼女はドイツ語を**学んだ**と言った。

---

③ 彼女は彼に、彼を**愛している**と言う。

---

④ 彼は、**病気だった**と言った。

---

⑤ 彼女は私に、私を**訪ねる**と言った。

---

⑥ 彼らは彼に、彼の所へ**行く**と言う。

---

⑦ 彼はその本を**読む**つもりだと言った。

---

⑧ 彼女は食欲が**なかった**と言った。

＼補足メモ／

① ちなみに直説法では Sie sagte:"Ich lerne Deutsch." となります。
② 過去のことは、接続法では完了の形で表します。したがって「haben または sein の接続法第１式＋過去分詞〈文末〉」という構造になります。

❷ 文法をおさえよう

主語 + 動詞 (接続法第1式)

☆主文と間接引用文の間に時の一致はありません。

1 Sie sagte, sie **lerne** Deutsch.

2 Sie sagte, sie **habe** Deutsch **gelernt**.

3 Sie sagt ihm, sie **liebe** ihn.

4 Er sagte, er **sei** krank **gewesen**.

5 Sie sagte mir, sie **besuche** mich.

6 Sie sagen ihm, sie **kämen** zu ihm.

7 Er sagte, er **werde** das Buch **lesen**.

8 Sie sagte, sie **habe** keinen Appetit **gehabt**.

接続法第1式

6 第1式が直説法と同形になってしまうときは、第2式を用います。

73

●間接話法②（疑問文と命令文の場合）

彼女は彼に、今どこに住んでいるのかたずねた。

SIE FRAGTE IHN, <u>WO</u> <u>ER</u> JETZT <u>WOHNE</u>.
FW S   V（KONJ. I）

🔊 75

☐1 彼女は彼に、今どこに**住んでいる**のかたずねた。

☐2 彼は私に**名前を**たずねた。

☐3 その女はその男に、**愛している**かどうかたずねた。

☐4 彼は彼女に、ドイツに**行ったことがある**かたずねた。

☐5 彼は彼女に、彼の所に**来る**ように命じた。

☐6 彼女は私に**だまる**ように言った。

☐7 彼女は彼に、少し**待ってくれる**ように言った。

☐8 彼女は私に、**手伝ってくれる**ように頼んだ。

——\補足メモ/——
☐2 直説法と同形になるので第2式の hieße が用いられています。
☐5 話法の助動詞を接続法第1式にします。したがって「sollen または mögen の接続法第1式＋不定詞〈文末〉」という構造になります。

⊙ 文法をおさえよう

疑問詞／ob＋主語＋動詞 (接続法第1式)

または　主語＋**話法の助動詞** (第1式)＋動詞〈文末〉

☆疑問詞のある疑問文では疑問詞を従属の接続詞として用います。したがって定動詞は後置されます。また疑問詞のないときは **ob** を従属の接続詞として用います。

☆命令文には話法の助動詞を用います。強い命令には **sollen** を、依頼・懇願には **mögen** を用います。

1. Sie fragte ihn, wo er jetzt **wohne**.

2. Er hat mich gefragt, wie ich **hieße**.

3. Die Frau hat den Mann gefragt, ob er sie **liebe**.

4. Er fragte sie, ob sie einmal in Deutschland **gewesen sei**.

5. Er befahl ihr, sie **solle** zu ihm **kommen**.

6. Sie sagte mir, ich **solle schweigen**.

7. Sie sagte ihm, er **möge** einen Augenblick **warten**.

8. Sie hat mich gebeten, ich **möge** ihr **helfen**.

接続法第1式

もし時間があれば、
コンサートに行くのに。

WENN ICH ZEIT <u>HÄTTE</u>, <u>GINGE</u> ICH INS KONZERT.
V（KONJ. Ⅱ） V（KONJ. Ⅱ）

◀)) 76

1 もし**時間があれば**、コンサートに行くのに。

―――――――――――――――――――――――

2 もし**時間があったら**、コンサートに行っていたのに。

―――――――――――――――――――――――

3 もっと**時間があればなぁ**！

―――――――――――――――――――――――

4 あやうく試験に**落ちるところだった**。

―――――――――――――――――――――――

5 彼女は何も**知らないようなふり**をした。

―――――――――――――――――――――――

6 彼は**まるでドイツ人のように**ドイツ語を上手に話す。

―――――――――――――――――――――――

7 彼がいなければ、そのチームは試合に**負けていた**。

―――――――――――――――――――――――

8 **天気が良ければ**、森を**散歩するのに**。

―――――――――――――――――――――――

＼補足メモ／
1 wenn が省略されると定動詞が文頭に（Hätte ich Zeit, würde ich ins Konzert gehen）
2 過去の表現には現在完了を用います。
3 仮定部が独立的に用いられて非現実の願望を表しています。doch や nur などの副詞がよ

② 文法をおさえよう

仮定部 [wenn ＋**動詞（接続法第2式）**] ＋ 結論部 [**動詞（第2式）**
または würde＋不定詞]

☆非現実の仮定とその結論の組み合わせです。仮定部にも結論部にも接続法
第2式を用います。結論部には「**würde** ＋不定詞〈文末〉」の形がよく用い
られます（①）。さまざまなバリエーションがあります。

① Wenn ich **Zeit hätte**, **ginge** ich ins Konzert. ／
　 Wenn ich **Zeit hätte**, **würde** ich ins Konzert **gehen**.

② Wenn ich **Zeit gehabt hätte**, **wäre** ich ins Konzert
　 gegangen.

③ Wenn ich doch mehr **Zeit hätte**!

④ Beinahe **wäre** ich im Examen **durchgefallen**.

⑤ Sie tat, **als ob** sie nichts **wüsste**.

⑥ Er spricht gut Deutsch, **als wäre** er ein Deutscher.

⑦ **Ohne** ihn **hätte** die Mannschaft das Spiel **verloren**.

⑧ **Bei schönem Wetter ginge** ich im Wald **spazieren**.

く添えられます。
④ 仮定部が語句で代理された場合です。
⑤ als ob は「まるで〜のように」。⑥ ob が省略されると定動詞が主語の前に来ます。

Part 8　接続法を用いて表現してみよう　(201)

75

あなたにお願いがあるのですが。

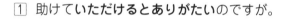

Ich Hätte eine Bitte an Sie.
S   V (KONJ. Ⅱ)

🔊 77

1. 助けて**いただけると**ありがたいのですが。

---

2. 明日お越し**いただけると**いいのですが。

---

3. 郵便局へはどう行けばよいか、**教えていただけませんか？**

---

4. 携帯電話が**ほしいのですが。**

---

5. 質問が**あるのですが。**

---

6. あなたにお願いが**あるのですが。**

---

7. 何をお飲みに**なりますか？**

---

8. ホフマンさんにお目にかかり**たいのですが。**

＼補足メモ／

7 möchte は mögen の接続法第２式で、日常最もよく用いられます。

文法をおさえよう

主語 + 動詞／助動詞 (接続法第2式) + (不定詞〈文末〉)

☆外交的接続法と呼ばれる丁寧な表現です。事実を非現実のように表現することで、丁寧な感じが出ます。日常会話でよく用いられる重要な表現です。

1. Ich **würde** mich **freuen**, wenn Sie mir helfen **könnten**.

2. Es **wäre** schön, wenn Sie morgen zu uns **kämen**.

3. **Könnten** Sie mir bitte **sagen**, wie ich zur Post komme?

4. Ich **hätte** gern ein Handy.

5. Ich **hätte** eine Frage.

6. Ich **hätte** eine Bitte an Sie.

7. Was **möchten** Sie trinken?

8. Ich **möchte** Herrn Hoffmann sprechen.

接続法第2式

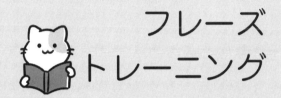

50 音順

フレーズ
トレーニング

ここでは本文のセンテンス（文）中で使用しているフレーズ（句）を 50 音順に「日本語⇒ドイツ語」で配列してあります。
音声を聞いて覚えましょう。
このトレーニングをすることで、本文の作文がしやすくなります。

【あ】

【い】

□ 言う通りだ	⇒ Recht haben	**50-**④
□ 行きましょう	⇒ Lasst uns gehen!	**55-**④
□ 家に帰る	⇒ nach Hause gehen	**52-**①
□ 家に帰る途中	⇒ auf dem Heimweg	**20-**②
□ 医学を勉強する	⇒ Medizin studieren	**60-**②
□ 医者に行く	⇒ zum Arzt gehen	**25-**③
□ 医者になる	⇒ Arzt werden	**14-**③
□ イスに座らせる	⇒ auf den Stuhl setzen	**12-**③
□ 急いでいる	⇒ es eilig haben	**39-**④
□ 1時間半	⇒ anderthalb Stunden	**40-**⑤
□ 1日おきに	⇒ einen Tag um den anderen	**25-**③
	⇒ jeden zweiten Tag	**43-**⑧
□ 1日3錠	⇒ täglich drei Tabletten	**71-**④

🔊 80　　　　　【う】

◀)) 81

【え】

□英語もドイツ語も	⇒	nicht nur Englisch, son-dern auch Deutsch	**9-**①
□駅に着く	⇒	am Bahnhof ankommen	**31-**⑧
□SNSで友人をフォローする	⇒	seinem Freund per SNS folgen	**7-**④
□エンジンが故障したために	⇒	wegen eines Motor-schadens	**5-**⑥

◀)) 82

【お】

□大きな影響を与える	⇒	einen großen Einfluss ausüben	**11-**④
□大声で助けを求める	⇒	laut um Hilfe schreien	**69-**①
□お金をたくさん稼ぐ	⇒	viel Geld verdienen	**68-**④
□落ち着いた足取りで	⇒	gemessenen Schrittes	**18-**⑦
□おめでたた	⇒	guter Hoffnung sein	**16-**④
□音楽に興味がある	⇒	sich für Musik interes-sieren	**27-**①
□音楽を学ぶ	⇒	Musik studieren	**59-**④

□ オンラインでハンディファンを買う	⇒ einen tragbaren Ventilator online kaufen	**10-**③

【か】

□ ～がある	⇒ es gibt ＋ 4 格	**38-**⑤
□ 会社宛に手紙を書く	⇒ an die Firma schreiben	**8-**③
□ 会社を辞める	⇒ bei der Firma aufhören	**67-**②
□ 飼い主の後を追いかける	⇒ dem Herrchen nachlaufen	**7-**⑤
□ ～がうれしい	⇒ es freut mich, ～	**58-**④
□ 覚醒作用がある	⇒ anregend wirken	**4-**⑤
□ 傘を置き忘れる	⇒ den Regenschirm liegen lassen	**55-**⑤
□ 風邪をひく	⇒ sich erkälten	**28-**①
□ 家族のことを思っている	⇒ an seine Familie denken	**8-**②
□ 家族のために働く	⇒ für die Familie arbeiten	**23-**②
□ 家族の中で	⇒ in der Familie	**49-**①

□ 学校から帰る	⇒ von der Schule zurück-kommen	**19-**⑤
□ 鐘が鳴る	⇒ Die Glocken läuten.	**1-**⑦
□ 彼女が笑う	⇒ Sie lacht.	**1-**③
□ カバンをわきに抱えて	⇒ die Mappe unterm Arm	**25-**⑧
□ 壁にその絵をかける	⇒ das Bild an die Wand hängen	**12-**①
□ 壁を白く塗る	⇒ die Wand weiß strei-chen	**13-**①
□ 髪を切ってもらう	⇒ sich die Haare schnei-den lassen	**55-**⑧
□ 髪をブロンドに染めてもらう	⇒ sich das Haar blond färben lassen	**13-**④
□ 学食で	⇒ in der Mensa	**42-**⑤
□ 彼女が予想したように	⇒ wie sie vorausgesagt hatte	**59-**③
□ 彼の足をかむ	⇒ ihm ins Bein beißen	**22-**②
□ 彼の肩をたたく	⇒ ihm auf die Schulter klopfen	**22-**③
□ 彼の新車で	⇒ mit seinem neuen Auto	**46-**①
□ 彼の父親を思い起こさせる	⇒ an seinen Vater erinnern	**11-**⑥

🔊 84　　　　　　　　　【き】

□ キッチンで	⇒ in der Küche	**20-**①
□ 切手を集めている	⇒ Briefmarken sammeln	**24-**⑤
□ 客を駅まで送る	⇒ den Gast zum Bahnhof bringen	**12-**⑤
□ 教授に質問する	⇒ den Professor fragen	**9-**④
□ 競技会に参加する	⇒ an der Sportveranstaltung teilnehmen	**69-**⑤
□ 京都で乗りかえる	⇒ in Kyoto umsteigen	**33-**①
□ 興味がある	⇒ sich für ＋ 4 格 interessieren	**27-**①
□ 霧のため	⇒ infolge Nebels	**5-**③
□ 金額の半分	⇒ die Hälfte des Betrags	**40-**③

🔊 85

【く】

□ くずかごに投げ入れる	⇒ in den Papierkorb werfen	**12-**⑥
□ くたくたに疲れている	⇒ völlig erschöpft sein	**37-**⑦
□ クラシック音楽を聴く	⇒ klassische Musik hören	**44-**⑥

216

□ 試験に合格する	⇒ die Prüfung bestehen	**9-**③
□ 試験の前	⇒ vor der Prüfung	**49-**④
□ 仕事を手伝う	⇒ bei der Arbeit helfen	**68-**⑥
□ 自己紹介する	⇒ sich vorstellen	**28-**②
□ 事故のために	⇒ infolge eines Unfalls	**5-**⑧
□ 資産の半分	⇒ die Hälfte des Vermögens	**15-**⑤
□ 自然の国境になっている	⇒ eine natürliche Grenze bilden	**46-**⑤
□ ～次第だ	⇒ es kommt auf ＋ 4 格 an	**38-**⑥
□ 時代遅れだ	⇒ aus der Mode sein	**19-**①
□ 7 時 30 分	⇒ halb acht	**42-**③
□ 7 時 15 分	⇒ Viertel nach sieben	**42-**②
□ 7 時 45 分ごろ	⇒ gegen Viertel vor acht	**42-**⑥
□ 自分の家のように感じる	⇒ sich wie zu Hause fühlen	**13-**⑥
□ 写真を SNS にアップする	⇒ das Foto auf SNS posten	**16-**⑧

□ 19 歳	⇒ 19 Jahre alt	**43-**①
□ 就寝する	⇒ sich ins Bett legen	**42-**⑦
□ 手術される	⇒ operiert werden	**32-**⑦
□ 11 時 35 分に	⇒ um fünf nach halb zwölf	**42-**⑦
□ 10 月 15 日に	⇒ am 15. Oktober	**41-**⑤
□ 自由のために戦う	⇒ für die Freiheit kämpfen	**70-**③
□ 10 時から 20 時まで	⇒ von 10 bis 20 Uhr	**32-**⑤
□ 住所を知らせる	⇒ die Adresse mitteilen	**10-**⑤
□ 自由を愛している	⇒ die Freiheit lieben	**9-**⑦
□ 少女のほおをなでる	⇒ dem Mädchen die Wangen streicheln	**22-**④
□ 食後に	⇒ nach dem Essen	**30-**③
□ 食事には	⇒ zum Essen	**19-**⑥
□ 食欲がない	⇒ keinen Appetit haben	**72-**⑧
□ 助言が必要である	⇒ eines Rates bedürfen	**17-**④

□ 徐々に好転する	⇒ sich allmählich zum Gu-ten wenden	**62-** ①
□ 食器を洗うのを手伝う	⇒ abwaschen helfen	**57-** ①
□ 死を恐れて	⇒ den Tod fürchtend	**69-** ②
□ 人口は何人	⇒ wie viel Einwohner	**35-** ⑤
□ 紳士淑女の皆さん	⇒ Meine Damen und Her-ren!	**14-** ⑧
□ 親切に答えてくれる	⇒ freundlich antworten	**7-** ③
□ 新鮮な魚を食べる	⇒ frische Fische essen	**44-** ③
□ 身長はどれくらい	⇒ wie groß	**35-** ⑦
□ 新聞に載っている	⇒ in der Zeitung stehen	**47-** ⑥

◀ﾉ 90　　【す】

□ スイスに行く	⇒ in die Schweiz fahren	**2-** ⑥
□ 少し待つ	⇒ einen Augenblick war-ten	**73-** ⑦
□ スタジアムに現れる	⇒ im Stadion erscheinen	**69-** ⑧

91

【せ】

□聖火を手に	⇒ das Olympische Feuer in der Hand	**69**-⑧
□政治家になる	⇒ Politikerin sein	**6**-③
□生徒をほめる	⇒ den Schüler loben	**9**-②
□先週の今日	⇒ heute vor einer Woche	**43**-⑦
□戦争反対のデモ行進をする	⇒ gegen den Krieg demonstrieren	**23**-③
□前途有望な音楽家	⇒ ein vielversprechender Musiker	**6**-⑦
□1492年に	⇒ im Jahre 1492	**64**-①

【そ】

□騒音に慣れる	⇒ sich an den Lärm gewöhnen	**28**-③
□想像する	⇒ sich vorstellen	**28**-⑥
□その赤いスカートを買う	⇒ den roten Rock kaufen	**45**-②
□そのアプリが気に入る	⇒ 3格 die App gefallen	**7**-⑧

| □ その大きな犬を怖がる | ⇒ | sich vor dem großen Hund fürchten | **11-**⑧ |
| □ その点を除けば | ⇒ | davon abgesehen | **70-**⑤ |

🔊 93　　　　　【た】

□ 大学で勉強している	⇒	an einer Universität studieren	**2-**⑧
□ 大学へ行く	⇒	zur Uni gehen	**42-**④
□ 大変重要だ	⇒	von großer Bedeutung sein	**15-**⑦
□ 太陽の周りをまわっている	⇒	sich um die Sonne bewegen	**23-**⑤
□ ダウンロードされる	⇒	downgeloadet werden	**32-**①
□ 多額の資金	⇒	eine große Geldsumme	**68-**⑧
□ たくさんお金をもうける	⇒	viel Geld verdienen	**59-**⑥
□ ただ1日を除けば	⇒	nur einen Tag ausgenommen	**70-**⑥
□ 楽しい映画を見る	⇒	lustige Filme sehen	**44-**⑤
□ 楽しいハイキングをする	⇒	eine lustige Wanderung machen	**46-**②

🔊 **94**

【ち】

□ 昼食を食べる	⇒ zu Mittag essen	**42-**⑤
□ チョコレートをおいしいと感じる	⇒ Schokolade schmecken	**7-**⑦
□ ちょっと待つ	⇒ einen Augenblick warten	**54-**③

🔊 95 　　　【つ】

□ 通行人に注意を払う	⇒ auf die Passanten achten	**8-**⑦
□ 疲れ果てていたが	⇒ obgleich völlig erschöpft	**70-**⑧
□ 月が輝く	⇒ Der Mond scheint.	**1-**⑤
□ 机の上にある	⇒ auf dem Tisch liegen	**2-**③
□ 机の上に置く	⇒ auf den Tisch legen	**12-**②
□ 冷たいコーラを飲む	⇒ kalte Cola trinken	**44-**④

🔊 96 　　　【て】

□ ～であればあるほど、ますます～	⇒ je ＋比較級、desto（または umso）＋比較級	**48-**⑦

【と】

□ドイツへ行く	⇒	nach Deutschland fahren	**50-**7
□ドイツリートを歌う	⇒	deutsche Lieder singen	**56-**7
□同意見だ	⇒	derselben Ansicht sein	**16-**6
□同年である	⇒	gleichen Alters sein	**16-**8
□道路工事のために	⇒	infolge von Straßenbauarbeiten	**5-**4
□図書館で働いている	⇒	in der Bibliothek arbeiten	**2-**7
□友達のことを悪く言う	⇒	von seinem Freund schlecht sprechen	**8-**8
□ドライブする	⇒	eine Spazierfahrt machen	**46-**1
□鳥がさえずる	⇒	Die Vögel singen.	**1-**1
□どれくらい長く	⇒	wie lange	**35-**8

🔊 98　　　　【な】

| □長い髪の男性 | ⇒ | Männer mit langen Haaren | **44-**8 |
| □夏休み中 | ⇒ | während der Sommerferien | **17-**3 |

225

□ 夏休みを楽しみにしている	⇒ sich auf die Sommerferien freuen	**11-**②
□ 何か食べ物	⇒ etwas zu essen	**37-**④
□ 何日？	⇒ der Wievielte	**41-**②

【に】

□ 2時間彼を待つ	⇒ zwei Stunden auf ihn warten	**8-**①
□ 2時間続く	⇒ 2 Stunden dauern	**3-**①
□ 西に沈む	⇒ im Westen untergehen	**2-**②
□ 21世紀に	⇒ im 21. Jahrhundert	**3-**⑧
□ 2001年に	⇒ im Jahre 2001	**43-**⑥
□ 日曜日に	⇒ am Sonntag	**3-**③
□ 2等車で行く	⇒ zweiter Klasse fahren	**41-**⑧
□ 入学試験に合格する	⇒ die Aufnahmeprüfung bestehen	**24-**⑧

🔊 100

【ね】

🔊 101

【の】

【は】

【ひ】

🔊 103

☐ ピアノを弾く	⇒ Klavier spielen	**34**-⑧
☐ 東に昇る	⇒ im Osten aufgehen	**2**-②
☐ 左手に	⇒ linker Hand	**18**-②
☐ 一晩中	⇒ die ganze Nacht hindurch	**3**-④
☐ 病気のために	⇒ wegen der Krankheit	**5**-②
☐ 病気のふりをする	⇒ sich krank stellen	**13**-⑧

【ふ】

🔊 104

☐ 不幸である	⇒ unglücklich sein	**63**-③
☐ 不注意が原因で	⇒ aus Unachtsamkeit	**5**-⑦
☐ ブラボーと叫ぶ	⇒ bravo rufen	**4**-⑧
☐ プラットホームに立つ	⇒ auf dem Bahnsteig stehen	**70**-④
☐ フランクフルトで下車する	⇒ in Frankfurt aussteigen	**33**-⑦

□古い町に住んでいる	⇒ in einer alten Stadt wohnen	**46-**⑧
□故郷の夢を見る	⇒ von seiner Heimat träumen	**8-**⑤
□プレゼントのお礼を言う	⇒ für das Geschenk danken	**20-**⑧

🔊 105

【へ】

□平和のために戦う	⇒ um den Frieden kämpfen	**66-**③
□部屋から飛び出す	⇒ aus dem Zimmer laufen	**69-**①
□部屋を出て行く	⇒ das Zimmer verlassen	**68-**⑦
□ベルリンに到着すると	⇒ in Berlin angekommen	**70-**①
□ベンチに座っている	⇒ auf der Bank sitzen	**47-**②

🔊 106

【ほ】

□ポケットに手を突っ込んで	⇒ die Hände in die Taschen gesteckt	**70-**④

🔊 107 　【ま】

□ 貧しい人たちを助ける	⇒ den Armen helfen	**7-**②
□ 町を通って行く	⇒ durch die Stadt fahren	**23-**①
□ 窓辺で	⇒ am Fenster	**56-**②
□ 窓を閉める	⇒ die Fenster schließen	**61-**⑦
□ まる1ヶ月	⇒ den ganzen Monat	**70-**⑥
□ まるですべてを忘れてしまったかのよう	⇒ als ob er alles vergessen hätte	**59-**②

🔊 108 　【み】

□ 湖に面している	⇒ am See liegen	**66-**②
□ 道をたずねる	⇒ nach dem Weg fragen	**11-**①
□ ミュンヘン行きの列車	⇒ der Zug nach München	**42-**⑧
□ ミュンヘンに到着する	⇒ in München ankommen	**33-**⑤

🔊 112

【や】

| ☐ やめなさい | ⇒ Lass das! | **55-**⑥ |

🔊 113

【ゆ】

☐ 友人に感謝する	⇒ der Freundin danken	**7-**①
☐ 郵便局で	⇒ bei der Post	**19-**②
☐ 床に倒れる	⇒ zu Boden stürzen	**70-**②

🔊 114

【よ】

☐ よい職にありつく	⇒ eine gute Stelle bekommen	**68-**①
☐ 要求する	⇒ auf 4格 bestehen	**60-**③
☐ 容体が悪そうだ	⇒ schlecht aussehen	**4-**⑥
☐ 予想されていた通り	⇒ wie man vermutet hatte	**59-**①
☐ 喜びにあふれている	⇒ voller Freude sein	**16-**②

🔊 117

【る】

| □留守だ | ⇒ abwesend sein | **25-**②|

🔊 118

【れ】

| □列車に間に合う | ⇒ den Zug erreichen | **61-**⑧ |
| | ⇒ den Zug schaffen | **69-**④ |

🔊 119

【ろ】

| □労苦に値する | ⇒ der Mühe wert sein | **17-**⑦ |

🔊 120

【わ】

□ワインに目がない	⇒ dem Wein sehr zugetan sein	**21-**⑧
□私たちの仕事を助けてくれる	⇒ uns bei der Arbeit helfen	**64-**⑥
□私にお金を無心する	⇒ mich um Geld bitten	**64-**⑦

【を】

□ 〜を残念に思う　⇒　ich bedauere, dass 〜　**60-**①

アルファベット順

新出単語索引

※索引には、単語がどの課で出てきたのか分かるように、初出の課・例文の番号を記しています。

【品詞】

男 …… 男性名詞　　**女** …… 女性名詞
中 …… 中性名詞　　**複** …… 複数形

アルファベット順 新出単語索引

アルファベット順 新出単語索引

アルファベット順 新出単語索引

アルファベット順 新出単語索引

□ Frage	**女** 問題	62-④
□ Frankreich	**中** フランス	45-④
□ Frau	**女** 女	22-⑤
□ Freiheit	**女** 自由	9-⑦
□ fremd	見知らぬ	21-⑤
□ Freude	**女** 喜び	16-②
□ freudig	喜ばしい	65-⑥
□ freuen	喜ばせる	58-④
□ freuen <sich auf 4格 >		
	(4格)を楽しみにする	11-②
□ freuen <sich über 4格 >		
	(4格)を喜ぶ	11-③
□ Freund	**男** 友人	6-④
□ Freundin	**女** 友人	7-①
□ freundlich	親切な	7-③
□ Firma	**女** 会社	67-②
□ Frieden	**男** 平和	66-③
□ frieren	凍える	38-③
□ frisch	新鮮な	44-③
□ fröhlich	楽しい	13-③

□ frühstücken		
	朝食を食べる	42-③
□ fühlen	感じる	13-⑤
□ Füller	**男** 万年筆	66-①
□ funktionieren		
	動く	4-⑦
□ fünf	5	42-⑦
□ fürchten <sich vor 3格 >		
	(3格)を怖がる	11-⑧
□ Fußball	**男** サッカー	56-①
□ Fußballspieler		
	男 サッカー選手	6-④

G

□ ganz	まったく	21-⑤
□ Garten	**男** 庭	29-⑧
□ Gast	**男** ゲスト	3-⑥
□ geben	与える	19-⑥
□ Gebirge	**中** 山脈	46-⑤
□ geboren	生まれた	41-⑤
□ Geburtstag	**男** 誕生日	41-④

アルファベット順 新出単語索引

H

□ Haar	中 髪	13-4
□ heben	挙げる	63-1
□ halb	半分の	40-2
□ Hälfte	女 半分	15-5
□ Haltestelle	女 停留所	24-6
□ Hand	女 手	12-4
□ Handtasche	女 ハンドバッグ	10-1
□ Handy	中 携帯電話	23-8
□ hängen	掛ける	12-1
□ Haus	中 家	4-3
□ Hausaufgabe	女 宿題	31-1
□ heftig	激しい	18-8
□ Heimat	女 故郷	8-5
□ Heimweg	男 帰路	20-2
□ heiraten	結婚する	9-8
□ heißen	～という名である	73-2
□ helfen	助ける	7-2

□ Hemd	中 シャツ	45-3
□ herbeikommen	こちらへ近づいてくる	18-7
□ Herr	男 ～様	14-7
□ Herrchen	中 飼い主	7-5
□ herrlich	すばらしい	49-8
□ herunterkommen	下りてくる	25-4
□ Herz	中 心臓	18-5
□ Herz	中 心	63-2
□ herzlich	心から	20-8
□ heute	今日	19-4
□ hier	ここ	13-6
□ Hilfe	女 援助	32-8
□ hoffen	望む	8-6
□ Hoffnung	女 希望	16-4
□ hören	聞く	44-6
□ Hotel	中 ホテル	10-8
□ Hund	男 犬	7-5
□ Hut	男 帽子	45-7

アルファベット順 新出単語索引

アルファベット順 新出単語索引

アルファベット順 新出単語索引

アルファベット順 新出単語索引

Z

アルファベット順 新出単語索引

著者　**橋本 政義** (はしもと まさよし)

京都外国語大学教授。専門はドイツ語学、対照言語学。主要著書に、
『副文・関係代名詞・関係副詞 (ドイツ語文法シリーズ第 9 巻)』
(大学書林、共著)、『名詞・代名詞・形容詞 (ドイツ語文法シリー
ズ第 2 巻)』(大学書林、共著)、『ドイツ語名詞の性の話』(大学
書林)、『アクセス独和辞典』(三修社、共著)、『アクセス和独辞典』
(三修社、共著)、『ドイツ語会話厳選パターンフレーズ80』(国際
語学社)、『会話と作文に役立つドイツ語定型表現 365』(三修社)、
『ひとりで学べるドイツ語 文法の基本がしっかり身につく』(三修社)
などがある。

改訂新版 口を鍛えるドイツ語作文
—基本文型習得メソッド— 初級編

2023 年 8 月 10 日　　第 1 版第 1 刷発行
2024 年 8 月 14 日　　第 1 版第 2 刷発行

著者：橋本 政義

装丁・本文デザイン：松本 田鶴子
カバー・本文イラスト：choconasu/AdobeStock

編集協力：中橋京香、田中和也

発行人：坂本由子
発行所：コスモピア株式会社
　　　　〒 151-0053　東京都渋谷区代々木 4-36-4　MC ビル 2F
営業部：TEL: 03-5302-8378 email: mas@cosmopier.com
編集部：TEL: 03-5302-8379 email: editorial@cosmopier.com

https://www.cosmopier.com/　　［コスモピア・全般］
https://e-st.cosmopier.com/　　［コスモピア e ステーション］
https://kids-ebc.com/　　　　　［子ども英語ブッククラブ］

印刷：シナノ印刷株式会社
音声編集：株式会社メディアスタイリスト

本書のご意見・
ご感想はこちらへ↓